中公新書 2326

玉村豊男著

旅の流儀

中央公論新社刊

温泉に行ってゆっくりしたい——はしがきにかえて

これから旅行に出発しようというその日に、空港へ向かうクルマの中で、いつも頭に浮かぶ思いがある。

若い頃は、一年のうちに二度も三度も海外に出かけることがあった。たいがいは雑誌の取材やテレビのロケなど、数人の仕事仲間といっしょに行く一週間から十日くらいの旅だが、そういう旅の出発の日、私はクルマが空港に近づくと、

「空港の手前で横道にそれて、このままどこか近くの温泉に行ってしまいたい」

と思うのが常だった。

仕事で行く旅は、スケジュールがいっぱいに詰まっている。それに、海外取材の仕事がしばしば入るということは他の仕事も忙しいということで、私も、三十代の後半から二十年間ほどは、いま思うとウソのようにめまぐるしい日々を送っていた。その多忙の中で、一週間

とか十日とかいうまとまった時間を捻出《ねんしゅつ》するだけでも一苦労のうえ、帰ってきたら帰ってきたで、留守のあいだに溜《た》まった山のような仕事を片付けなくてはならない、と考えると嫌になった。だから、支度を終えて家を出るときはこれからの旅に期待する気持ちもあるのだが、いざ空港が近づくと、

「このまますべての予定をなげうって温泉に逃げ込めたらどんなにラクだろう」

と思うのである。もちろんそれは一瞬だけ頭をよぎる迷いのようなもので、そんな思いを実行に移すことなどできるわけもなかったのだが、世間には海外へ行ったことにしておいて、ひっそり温泉で数日間、なにもしないでのんびり過ごす……というのはいかにも甘美な幻想だった。

いまでも、旅に出かける日に高速道路から空港のビルが見えはじめると、

「横道にそれて温泉に行きたい」

という考えがパッと浮かぶ。もう、昔のように時間に追われているわけでもないのに。それに、行く先がどうして温泉でなくてはならないのか……。

忙しいときも、忙しくないときも、旅に出るのはそれだけで面倒なことである。

それがどんな旅であれ、しばし日常から離れることのできる機会があるというのはうれしいもので、だから誰もが何日も前から準備をして出発を待つのだが、さて、いざこれから、となると、旅先での煩わしい手配や手続き、どんなトラブルが起こるかわからない不安など、旅によって生じるであろうさまざまなストレスが思い起こされて、ちょっと尻込みしたい気分になるのは決して珍しいことではないだろう。

私は学生のときフランスに留学し、学業を途中で放棄してあちこち放浪した。最初のうちは鉄道で移動していたが、ほどなくヒッチハイクを覚え、ヨーロッパから北アフリカまでを踏破し、帰路には中東やアジア諸国に立ち寄った。いったん帰国してからも旅行ガイドや添乗員の仕事にありつき、さらには物書きとして海外取材旅行を重ね、これまでに世界の国を六十以上も旅している。が、忙しいスケジュールのやりくりだけでなく、いつも出かける前は不安になって、旅支度の最中に急いで机の中を整理することがよくあった。飛行機が落ちて死んだとき、見られてまずいものが残っていないように（とくに若い頃は見られてまずいものがあれこれあったので）……。

犬も歩けば棒に当たる。どんなに辛《つら》い旅であれ、事故やトラブルで散々な目に遭ったとしても、旅に出ればかならず収穫があるものだ。その旅でひとりの人間に出会うこと、ひとつの風景が印象に残ること。それがかけがえのない人生の財産になることがある。私はそう自分に言い聞かせて、なんとか旅の不安を抑え込もうとした。しかしその不安は出発の直前まで胸に巣食っていて、それが私に温泉のイメージを誘ったのかもしれない。

着ているものを脱ぎ捨て、どぶんと湯船に飛び込む。

思わず、うーっと吐息が出る。

両手で湯をすくい、ざぶっと顔を洗う。

手足を伸ばし、ああ、極楽だーっ、と叫ぶ。

そう、その瞬間、私たちはすべての不安から解放されるのだ。その前のことも、後のことも、考える必要はない。温泉に入るということは、いまこの刹那《せつな》に身を委《ゆだ》ねるだけでよい、という、限りない安心感に包まれることなのである。

さて、私もそろそろ、仕事から離れて、自由に旅をしてもよい歳だ。旅の不安は老いの不安と同じで、心配しても切りがない。

だいいち、温泉に行くのなら、横道にそれようとそれまいと同じことだ。

旅の流儀　目次

I　自分の鞄は自分で持つ

II　旅の朝ごはん

Ⅲ　ようこそ日本

Ⅳ　暑い国と寒い国

旅の流儀

I　自分の鞄は自分で持つ

パンクツ

どんな旅行のときも、私の旅支度はまずパンクツ（パンツと靴下を総称してそう呼んでいる）を揃《そろ》えることからはじまる。

一週間、六泊七日の旅をするなら、出かける日に身に着ける分を除いて、パンツを七枚、靴下を七足。一日一回取り替えるとして、あとの一日分は予備である。だって、旅の途中で濡《ぬ》れたりすることがあるでしょう。

着替えのシャツや上着などの枚数は、旅行先やその目的、また季節によっても異なるから一概にはいえないが、パンツと靴下については日数プラスワンが原則で、マックスは十枚十足。それ以上の長旅の場合は旅先で洗濯する。

パンツは、昔からビキニ型を愛用している。

半年くらいか、いや、もう少し前だったかもしれないが、テレビを見ていたら、若いタレントの女の子たちが、ビキニなんてキモイ、と言って笑っていた。へえ、そんな時代になってるんだ。たしかに、デパートの下着売場に行っても男性用のパンツはボクサー型のトランクスしかないのはそういう理由か。

前回パリに行ったとき、それならパンツはパリで買おうと、ホテルに荷物を置くなり近くの安売りデパートにパンツを買いに行った。やはりパリの男性下着売場でもパンツはボクサー型が幅をきかせていたが、ビキニもあったので、七枚仕入れてきた。旅行の原則にしたがったわけではなく、七枚しか置いてなかったのだ。

ホテルの部屋に帰って試着してみると、なんだか両側にあるスリットが必要以上に深く切れ込んでいて、ちょっと、なまめかしい。これって、フツーの男子用ですか?

旅支度は何回繰り返しても
上達することがない

私は、パンツには苦労しているが、靴下はたくさん持っている。

コレクションと言っていいほどある靴下は、どれもかわいい色柄が入ったものばかり。これも最初のきっかけはパリで、もう十年くらい前になるだろうか、ビュシ通りの市場にあった小さな洋品店で、面白いデザインの靴下を見つけたのがはじまりだった。耳を切って包帯を巻いているゴッホの自画像の靴下。舌を出したアインシュタインの舌を引っ張るとそこだけ飛び出すようになっている靴下。あんまりバカバカしいので愉快になって、そこにあったのを全種類買ったことを覚えている。

それからしばらくは、用もないのに靴を脱いで、どうだ面白いだろうとデザイン靴下を見せびらかしていたが、さすがに三年もすると擦り切れてきて、いまではひとつも残っていない。

パリのあの店も、その後ほどなくして潰《つぶ》れたらしい。以来、あれほどぶっ飛んだデザインにはお目にかかることがないが、それでもよく探すと、いろいろな絵や模様をあしらった男性用のかわいい靴下はあちこちで見つかるもので、旅に出るたびに靴下を売る店を探すようになった。

だから、旅支度は靴下選びからスタートする。旅行の場所や目的、気温などによって、それぞれにふさわしい靴下を選ばなければならない。

この前、タイに旅行したときも、まずそうやって靴下を選んだ。それからパンツの数を数え、シャツ類を揃えて、最後に薄手のセーターを一枚、タイといっても涼しい夜のために、小型トランクの隅にしのばせた。さあ、これで完璧《かんぺき》だ。

取材旅行だから、出立の服装はいつものトレーナーにジーンズだ。ジーンズの青に合わせて、靴下は青を基調にしたモダンアート風のデザインを選んだ。

タイへ行くのは、何回目になるだろうか。タイに限らず、戦後七十年を迎える年に七十歳になる私は、海外旅行だけでも百回以上は経験しているし、国内への旅や出張も含めると、もう数え切れないほど旅支度を繰り返してきた。プロとまでは言えないにしても、旅支度に関しては少なくともベテランと言っていいはずだ……。

が、また、失敗をやらかしてしまった。タイのホテルに着いたら、靴下が入っていないのである。選んでトランクの脇《わき》に積んだまま、中に入れるのを忘れたのだ。

さいわい、冬でも暖かいタイだから、二日目からは裸足《はだし》にスニーカーを履いて過ごした。さすがに往《い》きの飛行機で穿《は》いた靴下を帰りも穿くのは憚《はばか》られたので、帰国の前日にコンビニで黒い無地の靴下を買った。

これも、老齢による物忘れのせいだろうか。だとしたらアインシュタインが舌を出している靴下なんか穿いている場合ではないが、旅は人生と同じで、どんなに経験を積んでもいつも初心、慣れることなどひとつもない、と考えれば、歳を取っても若者のような失敗を楽しめることをよろこばなければならない。

自分の鞄は自分で持つ

贅沢《ぜいたく》な旅行者は、大きな鞄《かばん》を何個も持って旅をする。

いや、持って、というのは正確ではないだろう。彼らは最初から最後まで、自分で鞄を持つことはないからだ。

いまでも外国の一流ホテルへ行けば、いかにもセレブな顧客が、高級ブランドの大型旅行鞄を山のように従えてチェックインする光景が見られるだろう。それらの荷物は、出かけるときは使用人の誰かがクルマに積み込み、駅や空港に着けばポーターが、ホテルに着けばベルボーイがすべて運ぶ。だから旅行者自身は、せいぜいハンドバッグくらいしか持つことがないのである。

私は、添乗員やツアーガイドをやっていた若い頃、そんなようすを眺めるたびに、いくら裕福になっても自分の荷物を他人に運ばせるような人間にはなりたくない、どんな旅をするにせよ、自分の鞄くらいは自分で持ちたいものだ、と、青年らしい潔癖さで考えたことを覚えている。

わが家の物置には、使わなくなった旅行鞄が何個もある。昨今はモノを捨てるのが流行《はや》りのようだが、旅の思い出が染みついた鞄は捨てにくい。フランス海軍の新兵に支給されるものと同じという触れ込みの、ペコペコの兵隊鞄。重さに耐えかねて取っ手が外れたが捨てられずにいるジュラルミンの鞄。

小型鞄に金属製が多いのは、乱暴な扱いをしても平気だし、使い込んで瑕《きず》がつけばそれなりに味が出て、地面に置けばその上に腰をかけることができるなど、貧乏旅行者には好都合だったからである。

大型のスーツケースも、いくつか余っている。エコノミークラス用の二十キロ鞄に、ビジネスクラス用の三十キロ鞄。二十キロならなんとか持つこともできるが、三十キロだと持ち上げても数歩しか歩けない。

ということは、ビジネスクラスに乗る人は自分で荷物を持たなくてもよい贅沢旅行者だ、という意味なのかもしれないが、私がビジネスクラスに乗る年齢になった頃にキャスターつきのスーツケースがあらわれて、この問題を一挙に解決した。

意地を張って買わずにいたが
やっぱり便利なキャスターつき

航空会社のアテンダントが、キャスターのついた黒い鞄を引いて颯爽《さっそう》と歩く姿は、昔からよく目にしたものだ。が、男性のパイロットたちは、もっと大きなフライトバッグを、たしか手で持っていたような記憶がある。

旅行者用には、スーツケースを載せて運ぶための、キャスターつきのカートが売られていた。が、車輪が大きいのでけっこうかさばり、大きな鞄を載せるとゴムのバンドで括《くく》りつけてもすぐに外れるなど、なんとも面倒なしろものだった。その点、車輪がケースの本体に取り付けられていて、取っ手を引き出せば重くても引いて歩くことのできる、新しいタイプの旅行鞄は画期的な発明だった。

キャスターつきのスーツケースが出まわりはじめた最初の頃、私は意地を張って買わなかった。自分の荷物は自分で持つ、と決めた以上、ずるずると地面を引きずるようなみっともない真似《まね》はしたくない、と思ったからだ。だからそれからも私はわざわざキャスターのついていないものを選んで使っていたのだが、いま物置で埃《ほこり》を被《かぶ》っているのはそれらの鞄である。

いつのまにか、大型鞄も、小型鞄も、すべてがキャスターつきになってしまった。

旅行でなくても、通勤や日常の移動にまで、誰もがキャリーケースを引っ張って歩いている。はじめは不恰好《ぶかっこう》に見えたずるずる引きずる姿も、みんながそうしているうちに見慣れてしまった。

私も、ある年齢からキャスターつきの鞄を使うようになった。

自分の荷物は自分で持つ、といっても、かならずしも地面から持ち上げている必要はないだろう。他人の手を煩わせるわけではないのだから、キャリーで転がしたって同じことだ。そう言い聞かせて、しぶしぶみずからの転向を黙認したのだった。

荷物を運ぶのがその人の仕事である場合、それを断って自分で運ぶのはその人の仕事を奪うことだ（荷物を持たせてチップを払うのが正しい旅行者の行動である）ということは理解しているが、キャスターのついていない鞄を持ち歩いていた頃は、旅館に着いて荷物を置いたとき、仲居さんがそれを持とうとすると、あ、それ、重いですから、と言って自分で運ぼうとしたことが何度もある。

その点、キャスターつきの鞄なら相手が女性でも気がラクで、このときだけはキャスター派に転向してよかったと心から思う。

寝る場所の価値

ホテルの値段というのはどうやって決めるのだろう。

もちろん、外国の王室やセレブが泊まるような超高級ホテルのスイートルームが一泊何十万円もするのはわかる（わかるというより、そういう世界もあるのだろうなあと思う）が、一般的なシティーホテルのふつうの部屋が三万円もするのはどういう計算か。ツインかダブルの二人部屋で三万円とすれば、一人当たり一万五千円。ただ寝るだけの料金である。

安いビジネスホテルのシングルルームが五千円と仮定すると、部屋が広くて臭くない（ビジネスホテルには独特の侘《わび》しい匂《にお》いがあるものだ）、バスルームもゆったりしていてアメニティーも揃っている一流のシティーホテルが、その三倍の値段を取るのは当然かもしれない。が、朝食もつかないのに五万円も取られるとなると、これは心中穏やかではいられない。最近、日本にも高価なホテルが増えて、一人で泊まっても三万、五万という値段になるのがふつうになってきたようだ。

温泉旅館の場合、一時は二極分化して、一泊二食で二万円以下の中級旅館の苦戦を横目に、五万円台の個室露天風呂つきの部屋を売り物にする高級旅館が流行した。が、最近はもっと安い値段で個室露天風呂などを提供する宿が増えている。

私は仕事柄一人で旅行することが多いので、個室露天風呂は必要ない。男一人で個室の露天風呂に入ったところでなんの意味もないし、かえって侘しいだけである。が、それでも三万円で豪華な夕食と品数の多い和風の朝食がつくのだから、寝るだけで三万円のホテルとは比較にならない。

ただ一晩を過ごすために払う値段
自分の家の場合はいくらになるか

若い頃、私はヒッチハイクでヨーロッパから北アフリカを放浪し、いったん日本に帰ってからも、通訳や翻訳で稼いだお金でアジアやヨーロッパに何度も出かけた。

学生の頃は奨学金とアルバイトで自活していたが、そうはいっても親の家に住んでいれば家賃はかからない。が、帰国後フリーターになってからしばらくすると家を出て独立し、東京の都心に小さな部屋を借りた。

外国では、できるだけ安い宿を探す。ユースホステルがあればそこがいちばん安いが、そうでない町では観光案内所へ行ってできるだけ安い宿を紹介してもらう。金のない外国人が泊まる商人宿の数人部屋とか、あるときは、廃校になった壊れた建物の鍵《かぎ》を貸してくれたので救急用の折り畳みベッドの上で寝たこともあった。翌朝、鍵を返しに行ったら、よくあんなところで眠れたものだ、と感心して代金は取らなかった。

もちろんそういうのは例外で、安い宿といってもあの頃の値段で一泊千円とか二千円は取られるので、二千円ならひと月の旅行で宿代の合計は六万円になる計算だ。

あるとき、旅行中に、東京で自分が借りているマンションの家賃が九万円であることを思い出し、あ、もったいない、と思って、急遽《きゅうきょ》予定を繰り上げて帰国したことがあった。だって、留守をしていても一泊三千円取られるのだ。外国で二千円の宿を見つけたといってよろこんでいる場合ではない……。

人は、ただ寝るだけのためにいくら払えるのか。

いま思い出しても悔しいのは、パリに旅行していつもの（学生時代から使っている）安宿で数日を過ごしたが、最後の日だけちょっと贅沢をして、少し高いホテルに泊まろうと思って奮発したときのことだ。昼は最後の買物で外に出っぱなし、夜になって部屋に入って、出発のための荷物をつくろうとスーツケースをベッドの上に置いて衣類を整理していたら、突然ぎっくり腰になってしまった。やってしまった……痛くて痛くて、ふわふわしたベッドにはとても寝られない。で、結局、床に毛布を敷いてそのベッドの横で寝たのである。あの一泊数万円の部屋の価値はどこにあったのか。

いうまでもなく、ホテルの価値はベッドにだけあるのではない。ビジネスに利用する場合は泊まっているホテルが会社の格をあらわすことにもなるし、豪華なスイートルームに相手を招くことで交渉ごとがうまく行く場合もあるだろう。が、その一方で最近の高級ホテルはどこも特別なマットレスを使っていることを宣伝しており、ぐっすり眠れることがホテルの価値であるかのようにも言っている。

さて、いま自分が毎日寝ている部屋は、一泊いくらになるだろう。

家賃や住宅ローンから計算して一泊料金を出してみると、毎日安心して寝る場所を確保するのに、いくらかかっているかがわかるだろう。

はたして、いまのベッドやふとんや部屋のインテリアは、その一泊料金にふさわしいものだろうか……。

ヒッチハイク

若い頃は……といって自慢できるようなことはほとんどない。

中学から大学まで学校の成績はよかったが、もっとデキる連中がいやほどいたし、絵は得意だったが、画家になるほどの才能はないと見切りをつけて高校のときに止《や》めた。運動も音楽もからきしダメで、喧嘩《けんか》はしないで逃げ回っていたし、みんなが徹夜するときはいちばん先に眠っていた。大食なら人に負けない頃もあったが、そもそも無駄にメシを食うことなどあまり自慢できたものではない。

その中で、いまでもオレがいちばんうまかった……かもしれないと思うのはヒッチハイクである。

路傍に立って、やってくるクルマに向かって手を上げる。それだけのことだが、意外なことに人によって巧拙があらわれる。

ヒッチハイクをするためには、まず、町を出なければならない。町を出て、自分の行きたい方向へ向から道路を見つけたら、少し歩いて立つ場所を探す。このとき、先客（先に立って手を出しているヒッチハイカー）がいたら、かならず追い越してその先まで歩いていく。先客の手前でやるのはルール違反だから、ヒッチハイカーが多い場所では何人もが順に並んで立つことになる。

が、実際には、手前から順にクルマが止まってくれるわけではない。いちばん早くから立っているのに取り残される奴もいれば、後から来て遠くに並んだのに先に拾われる奴もいる。しかも、遅い奴はいつも遅く、早い奴はいつも早い。

どこに巧拙があらわれるかというと、まずは陣取る場所である。道路がややカーブになっていて、遠くからヒッチハイカーの存在が見通せる場所で、しかも気づいてからクルマを止められるだけのスペースがその先にないといけない。その判断が、成否を左右する。あとは、できるだけ無邪気な顔で、こいつなら乗せてもいいか、と思わせるオーラを出すことだ。

わざわざ難しいルートを選んで
何度も心細い思いをした

ヒッチハイカーを拾おうと思うのは、一人でドライブしていて退屈なとき、眠気を覚ますために誰か横にいてほしいとき、である。だから、遠目から見ても薄汚い奴、迷惑そうな奴、トラブルを起こしそうな奴は無視される。もちろん運転席から一瞬目にするだけでそこまで判断できるわけはないのだが、その一瞬の印象がドライバーの心を動かすのだ。

ヒッチハイカーは、クルマの姿が見えると懸命に運転席のドライバーに向かって気を送り、最接近するまで目を逸《そ》らさずに無言で懇願する。そして一瞬スピードが鈍るのを見たら、すぐに荷物を背負って駆け出し、停車スペースのほうへ自然にクルマを誘導するのだ。ただ立っているように見えて、案外集中力が必要な仕事である。

私は人に教わってはじめてから、一週間もしないうちに技術を会得し、それからはほぼ予定した通りの方向へ、予定した通りのキロ数を、予定した通りの時間でカバーできるようになった。こうなると、公共交通機関を利用するのと大差がない。

しかし、そうして無料の交通手段で自由に移動ができるようになると、だんだん、予定通りに行ってはつまらない、という気分が芽生えはじめる。

AからBへ向かうルートが二つあったとする。ひとつはAとBを結ぶメインルートの一級国道。もうひとつは、Aの少し先で村のほうへ入り込み、その先がまたくねくねと曲がってBへと向かう細い山道。国道なら二時間で行くところが、細い山道なら途中のどこかでクルマを降ろされるから、そこを抜け出すまで待ち時間を入れると全部で五時間はかかるだろう。そう計算はできるのだが、面倒なほうを選びたいという衝動に勝てない。そのせいで、私はずいぶん怖い目に遭った。

たとえば、冬のスコットランドで雪に囲まれたユースホステルに着いたが無人だったこと。アルジェリアで地雷の埋められている道端に降ろされたこと。いずれもわざわざ通るクルマの少ない辺鄙《へんぴ》なルートを選んだ結果だが、さいわい、両方とも通りかかった人に助けられて命拾いをした。

ひとつ間違えば「自己責任」と無謀を糾弾されるような事態になっていたかもしれない、そんなスレスレのことを何度もやってきた。いまと違って携帯電話のない、外部とのコンタクトを遮断された海外一人旅では、この場で自分が死んでも誰も知らないのだ……と思うのがなんとも心細かった。

そう考えると、若いときの旅でも、その後の人生でも、よく無事にここまで生きてきたものだ。生きていなければ、ヒッチハイクの自慢もできなかった。

自転車に乗る

英仏海峡に、チャネル（海峡）諸島と呼ばれる島々がある。
もっとも大きい中心の島は、ジャージー牛乳や、伸縮性のあるジャージー生地でその名を知られるジャージー島。その隣にあるのがガーンジー島で、この島も牛と花がいっぱいの牧歌的な島である。

地理的にいえばフランスに近く、ノルマンディーの港から小さな船で行ける距離にあるが、歴史的な経緯からイギリス領となっている。このガーンジー島に、もうだいぶ昔のことだけれども、夫婦で遊びに行ったことがある。

島は、自転車で一周するのにちょうどよい程度の大きさで、上陸して海外沿いの民宿にチェックインすると、すぐそばにいくつもレンタサイクルの看板が出ていた。

私たちは早速自転車を借りて、島をぐるりとまわってみることにした。民宿の前の道路は、左右どちらへ行っても島を一周できるようだった。道路は片方が急坂で、もう一方は緩やかな坂。私たちは、緩やかなほうの坂を上っていくことにした。まだ若かったから、自転車で漕《こ》いで進める勾配《こうばい》ではあったが、それでも二十分、三十分と、力を込めてペダルを踏み続けるのは相当の難儀だった。

どのくらい経《た》っただろうか、ようやく島の最高点に到達したときには、ふたりとも息を切らして汗びっしょりになっていた。私たちはそこからの素晴らしい眺めを見ながら少し休んだあと、こんどは下り坂を自転車の勢いにまかせて下っていった。下り坂は、ひどく急だった。下りはじめるとさらに勾配は急になり、そのまま私たちの民宿の前まで一気に下った。

民宿の前で、私たちは顔を見合わせた。なーんだ、最初に反対側の坂を自転車を押しながら上れば、あとはずーっと下り坂だったんだ……。

ブレーキのない自転車からアシストつきの自転車まで

世界のいろいろな国で自転車に乗ったが、国による事情の違いを知らないと怖い目に遭うこともある。

あれはフランスだったかオランダだったか、忘れたが、小さな町で自転車を借りたことがある。私はクルマの運転免許を持っていないので、レンタサイクルのある町では自転車であちこちを訪ねまわることが多いのだ。

そのときも、オンボロではあったが頑丈な自転車で、乗り心地も悪くなく、私は風に吹かれて快適なバイクライドを楽しんだ。そういえば、バイクというと日本ではモーターバイクを指すことが多いが、欧米では単に自転車のことを指す（バイク＝二輪車）のがふつうである。私は二輪を漕ぎながら、下り坂にさしかかった。

下り坂は途中から急になり、意外にスピードが出はじめたので、私は慌ててブレーキをかけようとした……が、ハンドルの握りの下には、なにもない。日本なら、そこにブレーキがあるはずなのに、ハンドルはただ一本の握り棒だけ。ブレーキを操作するレバーはどこにもついていなかった。その間にも、自転車はどんどん加速する。

あのときは、ちょっと慌てましたね。なにしろ、どうやって止めたらいいのか、見当がつかない。さいわい、坂道の左右は草地だったので、仕方ないからそこに突っ込んで止まろうと思った。でも頭から突っ込むのだけは避けようと、私は立ち腰になってハンドルを握った両手を突っ張り、重心を後ろに寄せて足を踏ん張った。

と、そうしたら、ギュッと音がして、車輪の動きが急に止まったのだ。

その自転車は、ペダルを前方に漕げば進み、逆方向に踏むと止まるようになっていたのだった。ブレーキをかけようと思ったら、ペダルを逆に踏めばよい。間一髪で仕組みがわかって、本当によかった……。

そんなことを思い出したのは、最近、また自転車に乗ろうと思っているからだ。

今度、近くに新しく小さなワイナリーを建て、そこで若い人たちに栽培醸造《じょうぞう》の技術を教えるアカデミーを開講する計画を立てている。あと数ヵ月すれば工事がはじまるので、現場にしばしば顔を出さなければならない。それには自転車が便利だろう。

いまのところに引っ越してブドウ畑をはじめた頃は、マウンテンバイクに乗って畑と家を往復していた。が、畑から家まではガーンジー島の緩やかな坂を思わせるじわじわと負荷のかかる上り坂で、最後の十数メートルは真っ赤になって力ずくでペダルを踏んだものだった。

あれから二十年あまり、もうマウンテンバイクで坂を上る力はないから、こんどは電動アシスト自転車を買おうと思っている。なんでも最近は、マウンテンバイクタイプのアシスト自転車もあるらしい。

どこでもトレーニング

ジョギングやウォーキングに凝っている人は、旅に出たときもできるだけトレーニングを休みたくないと考えている。

だから、ふつうの旅の支度のほかに、いつも履いている靴と、トレーニングウェアと、タオルやら靴下やら必要なものを取り揃え、そうして増えた荷物がスーツケースに入らないようなら、わざわざ専用のバッグまでかついでいく念の入れようだ。

私も、テニスに夢中になっていた頃は、どこへ行ってもなんとかテニスをする時間をつくりたいと考えていて、旅先に飛び入りのできるテニスクラブがあるかどうか探したり、夫婦で出かけるときはホテルの近くに貸しコートがないかと調べたり、さまざまに手を尽くしたものである。テニスの場合はそう簡単にはいかないので、ラケットを持って出かけたのに、一度も振らずに帰ってきたことが何度もあった。

出張でホテルに泊まったとき、近くをジョギングすることは多くの人がやっている。昔は外国人くらいしかそういう人はいなかったが、最近は日本人も増えたので、怪しまれることもなくなった。私がジョギングに凝っていたのはかなり前のことで、その頃、ランニングの服装で朝早くホテルのフロントの前を通ると、呼び止められはしなかったものの、しばしば不審そうな目で見られたものだった。いまでは、ホテルによっては周辺のジョギングコースを案内しているところもあり、帰ってくるとタオルを渡してくれるところさえある。

最近は、歳のせいもあって早起きになり、ホテルに泊まると朝の時間を持て余す。朝食がはじまる時間よりずっと前に目が覚めるので、ウォーキングとまではいかないが、ホテルのまわりを散歩することが多くなった。散歩だからふつうの格好で出かけるのだが、まだ薄暗い、夜が明けはじめる頃に手ぶらでホテルの玄関を出るときは、なにか悪いことをしているような気分になる。

ホテルの部屋で夜遅く 腕立て伏せをするのは迷惑だ

外国でも日本でも、知らない町のホテルに泊まったときは、道に迷わないよう気をつけなければならない。散歩のつもりで歩いているうちに道に迷って、ホテルまで帰れなくなるのは珍しいことではない。好きなところまで勝手に歩いて、そこでタクシーを拾ってホテルまで戻る、という方法も、あることはあるのだが。

私は自宅に各種の器械を揃えてウェイトトレーニングをやっているが、数年前からはじめていまは一段落しているので、ときどきサボるようになり、旅行で中断するときもそれはそれでよい休みになると達観している。が、一時夢中になっていたときがあって、その頃はいろいろと考えたものだ。さすがに重いダンベルを旅先まで持っていくことはできないが、プラスチックでできたダンベル形の容器を見つけたときはうれしかった。その中に水を入れれば重くなるので、旅先でもトレーニングができるという道具である。そのほか、振動式の体幹トレーニング棒だとか、空気を入れて膨らますバランスマットなど、工夫を凝らした旅行用の携帯トレーニング用具がいっぱいあるのは、それだけ旅先でも体を鍛えたいと思う人が多いからだろう。

道具がなくても、ホテルの部屋で腕立て伏せをすればよい。腹筋の運動も、ベッドやソファーなどをうまく利用してやると効果が上がる。

が、隣の部屋まで音が洩《も》れるようなホテルでは、あまりやらないほうがよい。夜遅く、隣の部屋から断続的にうめき声が聞こえてくると、思わず勘違いをして聞き耳を立てることがあり、それが腕立て伏せだとわかるとがっかりするので、人の迷惑にならないよう、私は夜遅い時間にはやらないようにしている。

いまも続いている習慣としては、出張のときはできるだけプールのあるホテルに泊まる、というのがある。私はもともと水泳が好きなのだが、田舎《いなか》に住んでいるとわざわざスイミングクラブにまで出かけていくのが面倒なので、せめて都会のホテルに泊まったときには泳ぎたい、と思っているからだ。

だから、水泳パンツと水泳帽とゴーグルは、いつも出張するときの鞄に入れている。東京のホテルはプールつきの常宿だし、地方に行くときは、あらかじめインターネットでプールのあるホテルを探していく。が、エステについているような円形のプールなど、お遊び用のプールではない、ちゃんとした二十五メートルのプールがあるホテルは限られているので、これもそう簡単には見つからない。

旅に出るときくらい、トレーニングのことなど忘れればよい……ということはわかっているのだが、同じジョギングでもいつもと走る場所が変わるとまた違った感覚が楽しめたりもするので、やっぱり好きな人はやめることができないのだ。

旅先で本を読む

旅に本を持参するという人は多い。

作家などのエッセイを読むと、そのためにわざわざ分厚い本を買い込んだり、順番を決めて読む本を何冊も用意するなど、読書が旅の目的になっている人もいるようだが、そこまでいかなくても、電車や飛行機を待つあいだ、あるいは車中や機中のヒマ潰しに、文庫本の一冊か二冊をポケットに入れて出かける人は珍しくないだろう。

私も、毎年何回かヨーロッパに出かける仕事があった頃は、かならず長編の推理小説を機内に持ち込んだ。あの頃はパトリシア・コーンウェルがお気に入りで、彼女の新作が出ると忘れずに買い、旅行に出かけるまで読まずに取っておいたものだ。

面白い推理小説を読みはじめると、ページを繰るのももどかしく先を追って、あっというまに時間が経つ。機内食を食べるのもそこそこに、眠る時間さえ惜しんで、あるときなど、目的地に着陸してみんながシートベルトを外しているのに、まだ読み終わらないからと席を立たないでいたことさえあった。

私が機内で本を読まなくなったのは、コーンウェルの定番シリーズに、少し飽きてきてからのことだろうか。

いや、それよりも、私が長い飛行機の旅をあまりしなくなってから、と言ったほうがいいかもしれない。この十年ばかり、ワイナリーを開業して店をやっているので、旅へ出て長いあいだ留守をすることが難しくなり、それに飛行機代ももったいないから、遠くへ行く長いフライトを経験することがめったになくなった。たまに乗る飛行機は、それだけで結構気分がよくて、あ、いま自分は飛行機に乗っているんだ、と思いながら、ただボーッとしているうちに時間が過ぎていく。

なにもしないで時間を過ごせるのは
歳を取った者の特権である

最近の十年、と考えると、その分だけ歳を取った、という事実もこの変化に関係していることを、認めないわけにはいかないだろう。

飛行機の中で本を読むと、目が疲れる。機内の照明が落とされて、頭上のライトや座席についた読書灯の光で小さな文字を追うのは、いくら老眼用のメガネをかけていたとしても結構つらいものだ。

それで、本を読む代わりにモニターテレビを見ることにしたのだが、これもだんだん面倒になってきた。座席についているモニターの液晶画面は小さくて暗いし、角度によって見えにくく、神経を使うことおびただしい。それも吹き替えならまだよいが、字幕が出るやつはもうダメだ。

だから、面白そうな映画でも字幕の版しかないと観るのをあきらめ、つまらない吹き替えの映画を選んでしかたなく観るのだが、そんなことをするくらいなら、いっそのこと観ないほうが潔い。

最近は、世界地図の上に飛行機の印が出て、目的地までの飛行時間や現在の高度、外気温などが映し出される、あれはなんというのか、フライト状況を示す画面を、ただぼんやりと眺めていることが多い。

長い時間、なにもしないでただぼんやりとして時を過ごせるのは、歳を取った者の特権である。

若い頃はいつもヒマを持て余し、なにか面白いことはないか、とイライラして、時間がなかなか過ぎないで困っていた。が、いまではなにもしなくても時間があっというまに過ぎ、どうして歳を取ると時間が早く過ぎるのだろう、と嘆くことが多い。

それは、年寄りは過去の経験が膨大にあるので、人を見ても風景を見ても、そこから得られる情報の量が多いからだ。毎年春に咲く同じサクラを見ても、六十年生きていれば五十回以上は花を見た経験があり、その年ごとの思い出が記憶によみがえる。二十年しか生きていない若者が十回あまりの記憶から得られる情報より、はるかに量が多いのだ。

老人は、思い出すことが無限にあるから、いくらでも時間を潰すことができる。私が飛行機の中で、映画も観ずにただボーッとしているときは、頭の中でさまざまな過去の映像を楽しんでいたり、あるいはこれから起こることを過去の経験に照らし合わせて想像していたりする、実に充実した時間なのだ。

そのため最近は本を持たずに旅行することにしているが、外国のホテルではロビーラウンジの階上などに客用の読書スペースを用意しているところがあり、そういう場所で、宿泊客が残していった蔵書を取り出して開いてみたり、読めない外国語の本をひもといてただ活字を眺めている、あの雰囲気は大好きである。

散髪の楽しみ

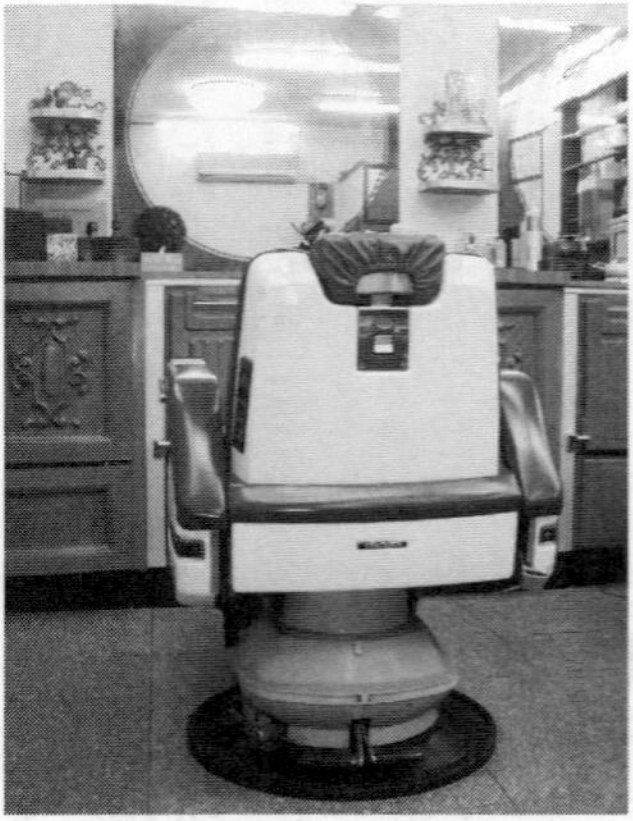

ひさしぶりに髪を切った。

といっても、もはや切るほどの髪の毛は残されていないのだが、それでも頭部の中央はともかく両側面にはまだ時間が経てば少しは伸びる毛髪群が残存していて、長いあいだ放置しておくと、なんとなくその存在を感じて鬱陶《うっとう》しい気分になるのである。

だいたい、二ヵ月に一度は理髪店に行くことにしている。

行きつけの店は、東京駅構内の「ＱＢハウス」。十分間で千円のクイックバーバーだ。髭《ひげ》剃《そ》りも洗髪もしてくれないが、とにかく早く済むので重宝している。

もちろん地元にも理髪店はたくさんある。が、私はクルマを運転しないので、自分で時間を見つけてサッと出かけることができないのだ。妻や妹に頼んでクルマを出してもらい、散髪が終わるまで待ってもらうのも悪いので、それなら仕事で東京に行ったときについでに済ませるほうが簡単だ……という理由で、東京から引っ越してきて以来、頭は東京で刈るのが習慣になっていた。

ところが、この数ヵ月、何回か用事があって上京する機会があったにもかかわらず、いつも時間に追われていて、構内の理髪店に立ち寄る余裕がなかった。そのため、側頭部のわずかな髪の毛は伸び放題に伸びて、周囲の人はまったく気にしないけれども、私自身は非常に気になる状態が続いていたのである。で、ちょうど上田《うえだ》まで買物に行くという妻に、懇願して駅前の理髪店に連れて行ってもらうことにした。

言葉の通じない国で散髪をするのは
実害の少ない旅の楽しみである

これまで、私は世界のあちこちで頭を刈ってもらっている。

パリは、学生のときはしばらく住んでいたし、その後も頻繁に滞在しているから、何度も散髪の経験がある。が、いちおうフランス語はわかるので、意思の疎通に事欠くことが少なく、面白みがない。

スペインでは、セビリヤで理髪店に行った。言うまでもなく、オペラ『セビリヤの理髪師』の舞台だから、セビリヤに行ったらまず理髪師のもとへ直行しようと、旅の最初から髪の毛を伸ばしていたのである。もう三十年以上も前のことだから、髪の毛は十分な量があった。

セビリヤに着くと、ホテルを決めるより先に理髪店を探した。オペラの舞台になったからでもあるまいが、セビリヤはふつうの街より理髪店が多いようで、その中から裏通りにあるちょっと雰囲気のある店を選んで入った。

「頭を刈ってくれ」というつもりで、私は頭を指差した。スペイン語はまったくしゃべれないので、手真似と身振りである。が、営業中の理髪店に入ってきたのだから、なにをやるかはわかっているはずだ。

店の中には男たちが何人もいたが、すでに散髪を終えたか、あるいは最初から単に遊びに来ていた連中なのか、みんなで理髪師のオヤジとおしゃべりをしているだけで、理髪用の椅子《い》子《す》は空いていた。そこへ見知らぬ外国人が入ってきたのだから、私は彼らにとって格好のヒマ潰しの材料になったわけだ。

私が頭を指すと、全員が立ち上がって私を理髪椅子に座らせ、それからまた全員で、私の頭を小突きながら、どんな髪型にするかを議論しはじめた……らしい。なにしろ言っていることがわからないので、進行している事態もわからないが、理髪店ではほかに議論のネタもないだろう。

不安といえば不安だが、たとえ丸刈りにされたとしても、時間が経てば髪の毛はまた生えてくるから実害は少なく、しばらく我慢すればよいだけの話である。若い頃は、そうやって言葉の通じないいろいろな国で散髪を試み、その予想できない結果を楽しんだものである。

最近は、昔ほど頻繁に旅行しないので、外国で髪を切る楽しみがなくなった。いや、外国へ行っても、もはや切る髪がほとんどなく、どうやっても結局は丸刈りになってしまうような頭では、意外性を楽しむことはできないだろう。

さて、上田駅前の理髪店である。この二年ばかりもっぱら丸刈りで、東京駅の「QBハウス」ではいつも六ミリのバリカンで刈ってもらう。だから椅子に座るなり私は、「六ミリの丸刈りでお願いします」と言ったのだが、すると店員は、「うちは五ミリか八ミリしかないので……五ミリでいいっすか?」と言う。

結局、十分もかからないうちに刈り終えたが、店を出ると、頭がスースーしてやけに寒い。信州上田の冬だから寒いのは当たり前だが、でもこのひどい寒さは……やっぱり一ミリの違いが大きいのか。

モバイルマニアだった頃

私がパソコンを使って原稿を書きはじめたのは、一九九九年からのことだ。

妻とその妹がひと足早くパソコンを使うようになり、ふたりで私にはわからない会話を交わしていると思ったら、ある日、小さなノートパソコンを私に渡してこう言うのだ。

「もし使うならあなたにあげるけど、使えないなら返してちょうだい」

使わない、ではなく、使えない、というのがカチンと来た。で、目の前で電源の入れかたやクリックのしかたを私に教え、私がわからないでいると勝ち誇ったように笑うのである。

私はその瞬間、

「教わらなくてもひとりでやる！」

と宣言し、早速初心者向けの参考書を何冊か買ってきて、まずはキーボードの打ちかたから練習した。そして、なんとか妻と妹を見返したい一心で、比較的短期間のうちにひと通り原稿が書ける程度までは上達したのだった。

それまでの私は、原稿用紙に万年筆で原稿を書いていた。周囲ではすでにパソコン旋風が巻き起こっていたが、私は「生涯手書き派」を宣言して、パソコンは絶対に使わないつもりだった……というか、もうこの歳ならパソコンだＩＴだという大騒ぎに巻き込まれなくても済むだろう、いまさら新しい技術を覚えるのも面倒だし、なんとか逃げ切れてよかった、と思っていたのである。

ところが、世の中の変革は凄《すさ》まじいスピードであっというまに迫ってきて、否応《いやおう》なくその渦に巻き込まれることになった。それから十数年、技術革新はさらにスピードアップして、やれタブレットだのスマホだの、私たちは完全に新しい電子機器に包囲されてしまい、そういう道具が使えないお年寄りなどは世の中から取り残されそうな勢いだ。まったく、大変な世の中になってしまったものである。

外国のホテルでもパソコンばかり見ていた
あの時代の道具はすべて遺物となった

なんにでも夢中になる性質の私は、パソコンを使いはじめると出張や旅行にもつねに携行してそれで原稿を書くようになり、列車の中からもホテルの部屋からも書いた原稿をメールで送るようになった。いわゆるモバイル通信に凝ってしまったのだ。

いまのスマホやタブレットは概《おおむ》ねどこにいてもインターネットに繋《つな》がるようになっているようだが、当時はまだ無線LAN《ラン》というシステムも利用できなかったし、出先から通信をするのは難しかった。それでも国内では、ノートパソコンに差し込むと無線で電話回線が使える便利なモバイル機器があったので、それを使えば新幹線の車中からでもメールを送ることができたが、海外では大変だった。

当時は外国のホテルでも、無線LANはもちろん、LANケーブルもパソコン用の端子もなかったから、インターネットに接続するためには、部屋にある電話機から電話線を外して、その端子を自分のパソコンに繋いで海外の電話局にアクセスするしか方法がなかった。だから旅支度にはパソコンとパソコンの電源ケーブルのほかに、国によってコンセントの差込み口の形状が異なるのでそれぞれに合ったアダプター、電話線の差込み口も形状が異なるのでそれぞれの国のアダプターやモジュラージャック、そのほかに各種ケーブル類やら変圧器やらテスターやら、まるで電気工事の技術者が旅行しているかのような大荷物が必要だった。

それでも、アダプターなどを使えば端子を繋げることのできる場合はよかったが、ヨーロッパの古いホテルでは、部屋の壁から出た電話線がそのまま電話機に直結されていて、引っ張っただけでは外せない場合も多かった。

そういうときは、電話機の裏蓋《うらぶた》を外して中の構造を出してみたり、ベッドを動かして壁の隙間《すきま》をほじくってみたり……パソコンを繋ぐためならなんでもやった。

いま思えば、ばかばかしいだけでなく、迷惑この上ない旅行者である。チェックインしてから数時間も部屋にこもって接続を試みたり、何度も試みて繋がらなかったのに高額の電話料金を請求されてフロントと喧嘩したり、接続に夢中になっている間に風呂の湯を止めるのを忘れてバスルームが水浸しになったり、数々の愚行を繰り返したものだった。

あれから、わずか十余年である。が、いまはもう、あの頃のモバイル道具はすべて役に立たない前世紀の遺物となってしまった。

私は、いまでは旅先にパソコンを持っていくことも少なくなり、スマホもタブレットも使わず、もちろんSNSとかで「人と繋がる」こともせず、穏やかな老年の日々を過ごしている。

国際電話が怖い

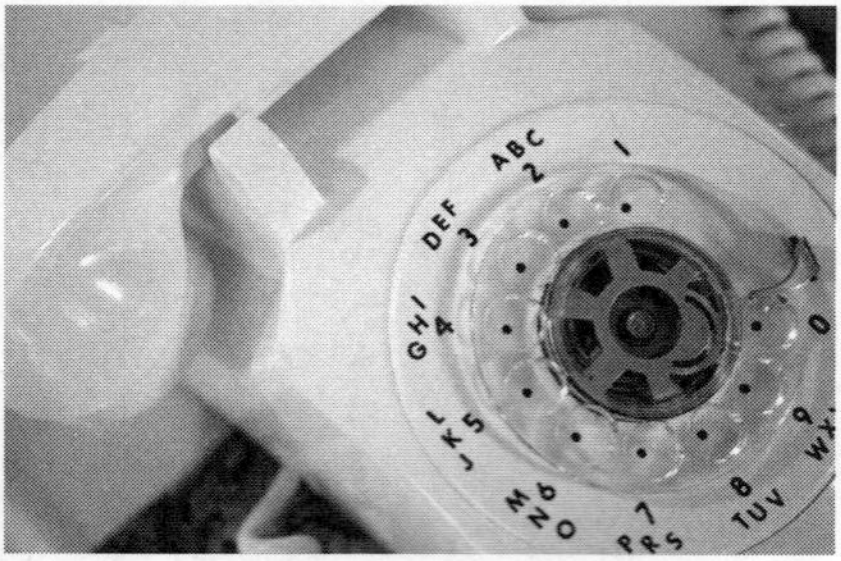

海外から日本へ、気楽に電話ができるような時代が、目の黒いうちにやってくるとは思わなかった。

いつも使っている携帯電話で、世界中どこへ行っても同じように話ができる。ふと手もとを見れば、なにも操作していないのにいつのまにか時刻も現地時間に変わっていて、なんだかキツネにつままれたような気持ちである。

私が留学していた頃は……といえばもういまから五十年近くも前のことになるのだが、海外から日本に電話するのは一日がかりの仕事だった。

たしか、一通話が三分間で、五千円くらいだったろうか。高価だからもちろんいつでも電話できるわけではなく、フランスへ行ったままあちこちをふらふらして、いつ帰るかわからないこの親不孝息子を心配している母親に、ときには声を聞かせなければならないだろうという、義務感のようなものからごくたまに電話を試みた。

私は、ヒッチハイクの旅から帰るとパリの安宿に逗留《とうりゅう》し、そこを根城に通訳やガイドのアルバイトをやって稼いでいた。日本に電話をかけるのは、まとまった仕事が終わって懐が温かいときである。

ホテルのフロントに、電話番号を伝えて申し込む。すると、繋がったら連絡しますから、と言って電話はいったん切れる。

それからが、長いのだ。かかってきたら手を伸ばせばすぐ出られるように、電話機のあるサイドテーブルを気にしながらベッドに横たわって待っているうちに、つい、うとうとと眠くなる。繋がりました、と言って日本からの電話がかかってくるのは、いつも私がいったん寝入ったあとだった。

ズレる音声に焦る時間

国際電話で緊張したあの頃が懐かしい

一時間くらい待って、ようやく繋がった国際電話。ホテルの交換手に促されて、モシモシと声をかける。しばらく間を置いて、受話器の向こうからモシモシというくぐもった声が聞こえてくる。

なにかしゃべって返事を待つが、すぐに答えがないのでまた話しかける。するとその言葉に相手の声が被り、慌てて止めると向こうもまた沈黙する。国際電話は時間が微妙にズレるものだとわかっていても、その呼吸がつかめぬままいたずらに時間が過ぎていく。早く話さないと、三分はすぐに経ってしまう……。

時計を見ながら言葉を交わす、あの緊張した時間が、いまとなっては懐かしい。

そんな記憶があるせいか、いまでも私は、外国から電話をかけるのが億劫《おっくう》だ。最近の電話料金は気にしなくてもよいほど安くなっており、ネットを使って無料で通話することさえできるというのに、国際電話は高い、という思い込みから抜け切れず、電話をするのが怖いのだ。

それなのに、モバイルに凝っていた時代と同じような過ちを繰り返すのだからどうかしている。

スマホもタブレットも使わない、と言っている私だが、実は、アイパッド（iPad）が発売になったときはすぐに買った。そして買ってから数日後、海外旅行に持参した。最初の日は北京《ペキン》のホテルに泊まったのだが、その日は日本で選挙があった日だったので、私はアイパッドをネットに繋いだまま一晩中開票速報を眺めていた。

驚いたのは帰国後である。しばらく経ってから請求された電話料金が、なんと二十万円だったのだ。

私は、モバイルに凝っていた頃の、現地の電話線からネットに繋がるイメージしか持っていなかったので、料金はたいしたことはないと高を括っていたのである。パケット通信がどういうものかまったくわかっていなかったし、アイパッドは発売直後で、海外パケ放題などの料金システムもまだ設定されていなかった。

電話会社とは何度も交渉したが、いったん使ったものは返してくれない。無知な私が悪かったのだから誰にも文句は言えないが、よりによって選挙速報なんかなんで垂れ流しで見ていたのか……。あんまり悔しいので、私はそれっきりアイパッドを使うのを止め、アイパッドじたいも人にあげてしまった。私がいまタブレットを持っていないのはそういう理由なのである。

モバイルマニアだった時代にも、なかなか繋がらない相手にメールを送ろうとして自動接続に設定したままプールで泳いでいたら、結局繋がらなかったのに目の玉が飛び出るほどの額を請求されたことがあった。アイパッドの一件も合わせると、なにやかやで百万円くらいは、あの空のクラウドの中に消えたかもしれない。

Ⅱ 旅の朝ごはん

II 兼好の日はくれる

山の中のマグロ

山の中の宿に泊まったら、鹿《しか》の刺身と猪鍋《いのししなべ》と、近くの川で獲《と》れたイワナの塩焼きが食膳にのぼった。あたりまえといえばあたりまえだが、新しいといえば新しい。つい最近まで、どんな山間《やまあい》の旅館でも夕食にはマグロの刺身が出るのがあたりまえ、という時代が長く続いていた。

食事が終わったらそこで寝る部屋の食卓に、数え切れないほどの皿数の料理が並び、その中心には古くなったマグロの刺身……。都会からわざわざ出かけていく客はそんなものを求めていないのに、多くの旅館が「ニッポン人の晴れの日の食卓」のイメージにとらわれて、マグロの刺身を食卓から追放する勇気が持てなかった。

旅館の食卓は、少し遅れながら、時代の変化を追いかける。

食事も、一挙に全部の皿を並べる部屋出しのスタイルから、寝る部屋とは別の食事処《しょくじどころ》で一品ずつ順番に出す料理屋方式へ、そして皿の上に載せる料理も、都会の料理屋では食べることができない、その土地にしかないものを選んで使うように。

この山菜は裏の山で採ってきました。この魚は主人が目の前の川で釣りました。この鹿は地元の猟師さんが鉄砲で撃ったものです。野菜は旅館の庭でつくっています。そういう「物語」が、よろこばれる時代になったからである。

ただ、皿数だけは、個人的な意見だが、まだちょっと多過ぎるような気がする。上げ膳据え膳のご馳走《ちそう》だから山海の珍味を並べて……という気分から抜け出せないのか、到底食べきれないほどの量を提供する旅館がまだ多い。私は貧乏性だから、これを二回に分けてくれればもっとおいしく食べられるのに、とか、こんな数の皿や鉢を洗うのは大変だろうな、とか考えてしまい、気分が落ち着かない。

もっとも客商売というのは難しいもので、裏山で採った山菜と目の前の川で釣った魚を出せば「タダでとってきたものでカネを取るのか」と難癖をつける客がいるし、皿数を減らせばかならず「皿数が少ない」と文句を言う客がいる。だから、変革を決断するには大きな勇気が必要なのだ。

ライフスタイルの都会化が
旅館の食卓の風景を変えた

日本では、高度成長期のある時点で、都会に住む人口が田舎《いなか》に住む人口を上回った。その頃を境にして、旅館の食卓の風景が変わったのではないか、と私は考えている。

山の中の温泉は、もともとは農閑期に近所の農家の人たちが湯治に出かけるところだった。稲の刈り入れを終えた時期に、疲れたからだを休めに行く。だからそこで出るご馳走は、ふだん食べることのできない海の魚でなくてはならなかった。白いご飯にマグロの刺身。それが「ニッポン人の晴れの日の食卓」だったのである。

五月の連休は田植えの前だし、秋の行楽シーズンは稲刈りの後。日本の観光旅行のスケジュールはすべて稲作農家のスケジュールに従ったものなのだが、新鮮な海の魚に憧《あこが》れてきた日本人にとって、海辺の旅館は海の魚を出せばよいのだから話は簡単だ。だが山の中の宿で山菜を出しても、ふだんの食卓と変わりないから田舎の客は満足しない。山菜を珍しいと感じるのは、自然と縁遠い都会で暮らす客たちなのだ。都会の人口が田舎の人口を上回った頃から、客が旅館に求めるものが構造的に変化しはじめたのである。

私が泊まった山の中の宿は、昔から鹿と猪と川魚を提供してきた。そこは本当に山の中にポツンとある旅館で、高度成長とも団体旅行とも無縁だった。だから山と山の幸を愛する少数の客だけを相手に昔と変わらぬ営業形態を守ってこられたのだが、これがもし足場のよい観光地にでもあったとしたら、ブームに乗って大型化し、マグロの刺身で宴会を請け負って一時は繁盛したことだろう。そしていまになって、次の時代の変化に追いつけず、苦労しているのではないだろうか。

私はその宿で鹿の刺身を食べた、と言ったが、正確ではない。衛生上の観点から、いまは肉の種類を問わず生食が厳しく管理されるようになった。だから私が食べたのは生肉の刺身ではなく、昨今流行の低温調理を用いて精妙に火を通した、オリーブ風味のカルパッチョだったのである。これも古い宿が生き残るための新しい知恵だ。

私はマグロの刺身が悪いと言っているわけではない。いまは流通が進歩したから、山の中でも飛び切り新鮮なマグロを食べることができる。ただ、いま山の中でマグロを提供するなら、もう一周時代を先取りする、新しい工夫や物語が必要になるはずだ。

それにしても、時代の変化と、うるさい客と……旅館という商売はつくづく大変なものだ、と思いながら、私は鹿肉のカルパッチョを食べたあと鹿肉の赤ワイン煮込みを赤ワインとともに堪能《たんのう》し、最後に日本酒を飲んで猪鍋で山の一夜を締めた。

旅の朝ごはん

ふだんの朝食は、ごく軽いのが長年の習慣である。最近の定番は、カテッジチーズとヨーグルトを半々に混ぜたものに、デーツ（乾燥したナツメヤシの実）を数粒。それになにかしらのパンのかけらと、紅茶だけ。ときどき季節の果物が加わったり、ハードタイプのチーズをつまむこともあるが、全体の量としてはごくわずかである。

朝を軽くするようになったのは、学生時代にフランスで生活したことが影響しているかもしれない。フランス人は一般的に、朝はカフェオレとパンだけで済ませる。パンは、贅沢《ぜいたく》な人なら近所のパン屋さんにクロワッサンなどを買いに行くこともあるが、ふつうは、ゆうべの残りのバゲット（食事のときに食べる硬くて長いフランスパン）を焼き直して、バターとジャムをつけて食べるくらいだ。私もそれを真似《まね》しているうちに、朝はあまりたくさん食べられなくなった。

イギリス人は、朝食をしっかり取る。本物のイングリッシュ・ブレックファスト（英国式朝食）というのは、たっぷりの紅茶とともに、シリアル（乾燥穀類）にミルク、ハムやベーコンに卵、あるいはニシンの燻製《くんせい》（これが実においしい）などを、時間をかけてゆっくり食べるフルコースだ。日本のホテルで出てくるアメリカ式の朝食は、この簡略版と思えばよい。

だいたい、ヨーロッパでは、北へ行くほど朝食が重くなる。スペインやイタリアはフランスと同様パンとコーヒーくらいで済ませるのに対し、ドイツや東欧へ行くと朝からチーズやハムが出たりする。ルーマニアの山間部で、朝からニンニクスープとトンカツをがっつり食べて会社へ行く人を見て、びっくりしたことがある。

北のほうの寒い国では、朝からしっかり栄養を取らないと仕事ができないのだろう。南の暖かい国では、前の晩遅くまでたらふく食べてワインを飲んでいるから、朝は食欲がないのである。

旅館で和風の朝食を前にすると小さなグラスでビールを飲みたくなる

私がフランスで暮らしていたのは、学生のときのわずか二年ほどのことだ。それがその後の生活習慣を決定づけてしまったとしたら、なんと単純なことに影響されてしまういい加減な人生だろう、と情けなくもなるが、二十代の半ばというのは、他人のふりを見て真似しているうちにいろいろなことが身につく時期でもあるのだ。

というわけで、若い頃とは多少内容が異なるが、いまも相変わらず南ヨーロッパ系の軽い朝食スタイルで通している。コーヒーのかわりに紅茶を飲むようになったのは妻の影響で、これも夫婦間の妥協の事例のひとつである。でも、紅茶を飲んで朝食を済ませたあと、少し時間を置いて、自分だけコーヒーを淹《い》れてナッツやクッキーといっしょに楽しむようにしている。少し時間を置いて食べものを腹に入れるのは、血糖値を一挙に上げないための知恵でもある。

だから、朝は、コメのごはんを食べない。

朝にごはんを食べるのは、旅館に泊まったときだけである。ホテルでも朝食に和食のチョイスがあれば和食を取るし、もちろん和風の旅館の場合はよろこんで朝のごはんを楽しむ。ごはんに味噌汁《みそしる》。海苔《のり》に梅干、納豆に豆腐。鮭《さけ》の塩焼きに、玉子焼か温泉卵。そのほか漬物だの煮物だの、工夫を凝らした小皿が並ぶ。海辺の宿なら刺身もつく。見ているだけで楽しい、ニッポンの朝食である。

旅館で、夕食に食べられないほどの皿数が出てくるのはあまり好きでないが、朝の場合は別である。全部は食べられなくても、並んでいるだけで楽しい。

歳を取ってくると、朝早く起きるようになる。夏なら五時には目が覚める。

家にいるときなら、空腹を感じたら台所へ行ってなにか腹に入れることができるが、旅先の旅館ではそうはいかない。帳場のほうへ下りていっても誰もいないし、声をかければ迷惑だろう。部屋にお茶のセットはあるが、茶ばかり飲んでいるわけにもいかない。

しかたなく、音を立てないように注意しながら、外へ出て近所を散歩する。早くても朝食は七時からなので、一時間以上は歩かなければならない。だから宿に戻ってくる頃には、どんな大量の朝食でも食べられるくらい腹が減っているのだ。

歳を取ってからとみに旅館の朝食が好きになったのは、そんな理由があるのかもしれない。

そして、散歩の後はのどが渇いているので、旅館の朝食ではかならず、小さなグラスに注《つ》いだビールが飲みたくなる。

アペリティフと歓迎の一杯

アペリティフは、「食前酒」を意味するフランス語。もともとは「空腹を刺激する、食欲を増進する」という意味の言葉で、お酒に限らず、食事の前につまむちょっとした乾きもの（塩味のクラッカーなど）を指すこともある。フランス人は間食というものをせず、しっかりお腹を空かせてから食卓に着くので、これからはじまるお楽しみの時間の前に、まずは空腹をいっそう刺激して食欲にいきおいをつける手続きが必要なのだ。

日本では、とりあえずビール、といって最初はビールからはじめる人がまだ多いが、小さなグラスに一杯ならともかく、中ジョッキでは量が多過ぎてアペリティフとは言えないだろう。かといって量が少ないからお猪口《ちょこ》で飲む燗酒《かんざけ》がアペリティフかというと、そのまま同じ酒を飲み続けるのではこれも「食前酒」の定義からは外れそうだ。

そう考えてみると、日本の食前酒の代表は、梅酒、ということになるだろうか。

旅館の食事は、料理の皿がずらりと目の前に並び、さらに何皿かが時間の経過とともに供されるフルコースである。で、当然、お飲みものはどうするかと問われるので、とりあえずビールとか、ビールのあとで日本酒とか、焼 酎《しょうちゅう》がいいとかワインは置いてあるかなど、思い思いに注文をするわけだが、何を注文しても注文とは関係なく料理とともに出てくるのが梅酒である。それも、小さなグラスに入って、箸《はし》と小皿のすぐ脇《わき》に置かれる。これぞ、まさしく「アペリティフ」の扱いである。

最近は街の小料理屋さんでも同じように黙って梅酒をアペリティフとして出す店があるが、あの習慣はやっぱり旅館からはじまったものだろうか。だとしたら、どこの地方のどの旅館が発祥か、それを全国各地の旅館が採用するようになったのはいつからか、ご存知の方がいたら教えていただきたい。

お茶とお菓子でおもてなし
ウェルカムドリンクと梅酒の謎

もうだいぶ昔のことになるが、ポルトガルの古都ポルトを旅したときのことだ。

そろそろ夕食の時間が近づく頃、今夜はどこに泊まろうかと思いながら歩いていたら、裏通りにひっそりと佇《たたず》む小さなホテルの看板が目に入った。

さいわい、部屋が空いていたので、チェックインすることにした。すると、フロントにいた老婦人が、カウンターの下からポルトの瓶を取り出し、小ぶりのグラスにそれを注いで私に勧めた。ポルトガル語はわからなかったが、どうやら書類の用意ができるまで一杯飲んで待っていなさい、と言っているようだった。

ポルトは、日本ではポートワインという名で知られる、発酵の途中でアルコールを加えることで甘みを残した、やや度数の高いワインの一種。食事の後半にチーズとともに飲むこともあるが、フランスなどでは食前酒として供される。

玄関先の小椅子《こいす》に座って飲むポルトはおいしかった。私は食前酒の話になるとかならずこのときの情景を思い出すのだが、この場合のポルトは時間帯から行けば食前酒でもあり、また宿泊客へのウェルカムドリンク（歓迎の一杯）でもあるだろう。

日本の旅館では、玄関を上がるとまずソファーに座らされ、抹茶を一杯ごちそうしてくれることがある。そんな儀式もなく部屋に通された場合も、まずはお茶を一杯淹れてくれるだろう。それもない場合は仲居さんが出ていったあと自分でお茶を淹れて飲むが、テーブルの上にはその土地の和菓子が置かれているから、日本のウェルカムドリンクはお茶（と甘いお菓子）ということになるだろうか。

遠来の客を茶菓でもてなす、というのは日本古来の習慣であるにしても、旅館が来館者に抹茶をたてるようになったのはいつからだろう。

これもまた、梅酒の謎とともに、私の中では解決されない問題のひとつである。

早い時間に宿に着けば、甘いお菓子は小腹ふさぎになるかもしれない。が、到着がもう夕食に近い時間だとしたら、食事の前に甘いものは食べたくない。

食卓に着いてビールや酒を待っているとき、その直前に甘い梅酒を勧められるのも、酒飲みとしてはあまりうれしくない。しかしたいがいの旅館では、女将《おかみ》や仲居さんはかならず梅酒を先に飲むよう勧めるのだ。

日本の旅館をめぐる儀式については謎が多いが、ウェルカムドリンクにしろ食前酒にしろ、しきたりと流行がないまぜになってある形式が決まると、どの旅館もいっせいにそれに追従し、そうしているうちに、当初の意味も理由も忘れてただ同じことを繰り返すようになってしまう。

日本の旅館に感じる懐かしさと古臭さは、このあたりに起因しているのではないだろうか。

旅館のワイン

自分でワインをつくるようになってから、ワインばかり飲むようになった。

もともと、お酒はなんでも好きで、食事のときにはビールからはじまって和食なら日本酒、中華料理のときは紹興酒《しょうこうしゅ》、フランス料理やイタリア料理の場合はワイン、というふうに飲み分け、食事が終わってから飲む夜のお酒は、ウィスキー、ブランデー、ラム、ウオツカとなんでもござれだった。

が、四十一歳のときに輸血がもとで肝炎を患い、二年ほどの禁酒期間を経ておそるおそる再開してからは、以前のように強い酒を飲むことはめったになくなり、食事のときに適量の日本酒か紹興酒かワインをたしなむ程度になった。

その後、ひょんなことからワイナリーを立ち上げることになり、あらためてワインのことが気になりはじめると、それからはもっぱらワインばかり。外食のときも、どんな店に行ってもまず、ワインは置いていないかと探すようになった。

もちろん、フレンチやイタリアンへ行けばワインは飲める。ただワインを飲みたいだけならワインバーへ行けばよい。が、そうではなく、和食、中華、寿司、そばなど、ふつうならワインを置いてなさそうな店にワインがあるかどうかが気になるのだ。

寿司屋の中には、ワインを置く店が少しある。中には主人がワイン好きで、握りのネタに応じてそれぞれに合うワインを勧めたりする店もあるが、そういう特殊な店以外は、あってもせいぜい一種類か二種類の決まったワインだけ、というところが圧倒的で、全体からすれば置いてない店のほうが多い。

もう一度言うが、別にワインで寿司が食べたいというわけではないのである。寿司の場合、お酒を飲むのは最初につまみを食べるときだけで、握りを食べるときにはお茶に切り替えるわけだが、とにかく、ワインがあるかないかが気になるのだ。

長野県のワインは日本一おいしいのに旅館ではそのおいしいワインが飲めない

東京に住んでいた頃は、仕事関係の企業のお偉いさんに連れられて、銀座《ぎんざ》の高級クラブなるところへもしばしば足を踏み入れた。

きれいなお姉さんがいて、座っただけで何万円か取られるという、ふつうの生活を送っている者にはおよそ縁のない場所である。そういうクラブでは、ウィスキーやブランデーを水やソーダで割って飲むのが古くからの風習だったが、あれはバブルの終わり頃か、ワインブームといわれる現象が巷《ちまた》に広まった頃から、急にどこのクラブでもワインを置くようになった。ウィスキーやブランデーならボトルキープをしなければならないが、ワインの場合は開けたら一本飲み切りである。しかも、二人の客が一杯ずつ飲むあいだにまわりにはべる女の子が四人お相伴《しょうばん》すれば、たちまち一本空いてしまう。だから店にとっては効率がよいのだ、という話を聞いた。もっとも最近はとんとそういう機会がないので、いまはどうなっているか知らない。

この頃、仕事の関係上毎月一回は長野県内を旅行しているので、旅館の夕食のときにワインがあるかどうかをかならず聞くようにしている。

泊まるのはそれほど高級な宿ではないが、そんなに安い宿でもない。どこもしっかりした経営の、泊まって満足する旅館である。もちろん、食事もおいしい。が、ワインは……たいがいの場合、置いてないか、置いてあったとしても、こんなワインを置くならいっそのこと置かないほうがよい、という程度のワインしか置いていないのだ。和食や寿司の店より、銀座のクラブより、どうやら旅館のほうがずっと保守的なようである。

私が自分でワインをつくっているから言うのではないが（いや、つくっているから言うのだが）、長野県のワインは日本一おいしい。国産ワインコンクールでもつねに上位を占め、最近注目されている日本ワインの中でも長野県のワインは一番人気となっている。が、そのおいしい長野県のワインが、長野県の旅館に置いてない。

旅館に泊まる人で、夕食のときにワインを飲もうと考える人が、まだまだ少ないということだろう。ホテルで洋食を食べるときならまだしも、旅館で和食を食べるのにワインはないだろう、というのが日本人の常識なのかもしれない。

ワインブーム以来、ワインを飲む人口は確実に増え、他の酒類と比較するとワインだけ消費が上向きになっているが、それでも日本人が一年に飲むワインの量は年間ボトル四本くらいである。一年で、ボトル四本。私のような毎週四本は飲む者も含めての統計だから、飲んだことがない人がまだまだ多いのだ。

長野県内の旅館では、かならず長野県産のワインが飲めるような、そんな時代がくるまで、作り手としては頑張らなければならない。

オリジナルワインがほしい

ある旅館のご主人から、ワインのことで相談がしたい、と持ちかけられた。

そこは温泉地にある小規模だが良心的な旅館で、値段はそれほど高くなく、家族的なもてなしと地元の食材を使った料理を自慢にしている。何代目かにあたる若いご主人は、研修会などで出会った同世代の経営者たちと語らって、志を同じくする全国の仲間とグループを結成することにした。各地の名産の品を生かした料理を売り物にして、共同のサイトを立ち上げてPRしようという戦略である。

「そこで、グループの名前をブランドにした、オリジナルワインをつくりたいのですが……」

ワインはうちが通常に販売しているものでよいから、オリジナルデザインのラベルを貼《は》ってグループに卸してほしい、という商談である。

日本の旅館の中には、自分の旅館の名前をブランドにして、そこだけにしかないラベルを貼って売っているところがある。中身はどこかのワイナリーに頼んでつくるので、どこか知らない土地で栽培されたブドウからつくられた、その旅館のある土地とはなんの関係もないワインである。実際には、外国から輸入したワインを混ぜた安い「国産」ワインである場合がほとんどだ。

国産ワイン、と一般に呼ばれてきたものは、安い海外原料が半分くらい入っているのがふつうである。日本でできたブドウだけを使って醸造《じょうぞう》したワインは、まだ生産量は少なく、値段も決して安くないが、「日本ワイン」と呼ばれていま急速に人気が出てきている。旅館の経営者がワインのことを知り、地産地消《ちさんちしょう》の料理とともに日本ワインを提供することは、メーカーとしても大歓迎だ。が、私は、

「ワインを注文していただけるのはありがたいのですが、ラベルを貼り替えてお出しするのはお断りさせてください」

と言って断ってしまった。

ワインは土地を表現する農業の作品だから
関係のないラベルを貼っても意味がない

考えてみれば、ヨーロッパでもアメリカでも、ブドウ畑があってワインをつくっているワイナリーのホテルは別にして、一流のホテルがワインリストに自分のホテルの名を冠したワインを載せることはあり得ないだろう。どこそこのメーカーに特別に頼んでつくってもらっ

ている、というような場合でも、そのブランドの名前の脇に小さく「××ホテル特注」とかいう注意書きを添える程度ではないだろうか。

ブドウからつくるワインは農業の作品だから、それが育まれた土地と歴史が刻印されているブランドのラベルを貼らなくては、意味がないのである。ブランドが示すそのワインが生まれた土地とはまったく関係のない、自分のホテルの名前を記したラベルを貼ったとしたら、ホテルの主人はその見識を疑われるに違いない。

日本では、地産地消といいながら、まだまだそういう意識が希薄である。

ワインに限らず、旅館やホテルで売っている土産《みやげ》ものにも、出所のあやしいものがたくさんある。その土地の名所や歴史や文化にまつわる名前がつけられているお菓子などの食品類も、箱の裏の表示を見ると、どこか遠くの、関係のない場所にあるメーカーでつくられていたりすることが珍しくない。いま人気の「道の駅」の野菜即売所でも、うっかりするとどこか遠くの別の土地でつくられたものが紛れ込んだりしているから要注意だ。

日本人はお土産をあげたりもらったりするのが大好きだから、旅に出ればかならずなにか手土産になるものを買う。

この土産ものというのが曲者《くせもの》で、買った人は食べたり飲んだりしないし、もらった人はまずくても文句を言わない。しかも、土産ものは「旅先で買う」ということだけが重要なので、買う人はそれがどこでつくられたかは気にしない。かくして、誰からもその産地や品質をチェックされない製品が、いつまでも横行することになるのである。

日本のワインが長らく低迷していたのも、ワインはブドウ狩りに行ったときの土産に買うものだ、という人が多かったからではないかと思っている。

「それなら、グループのみなさんと相談して、私たちはこれこれの理由でこのブランドのワインを選んで提供しています、とお客様に説明することにしては如何《いかが》でしょうか。通常のラベルのほかに、ボトルの首のところにかけるオリジナルの肩章をつくるのなら、いくらでもご相談に応じます」

私がそう言って話は終わったが、その後、ご主人からとくに連絡がないのはどうしてだろう。

ワインが飲めるオーベルジュ

最近、私のワイナリーにも外国人のお客さんが増えた。

観光客ばかりでなく、海外の同業者も訪ねてくる。そういう、フランスや、アメリカや、ニュージーランドなどでワイナリーを経営しているオーナーや栽培醸造の技術者たちが、口を揃《そろ》えて言うのは、

「日本は大変だね、ワイナリーに来ても、ワインが飲めないんだから」

という感想だ。

日本では、一滴でもワインを飲んだらクルマの運転ができない。外国ならクルマでワイナリーめぐりをするときも、グラスに二、三杯くらいは試飲するのがふつうである。一杯ずつなら三軒は回れる計算で、だからこそワイナリー観光が人気なのだが、飲めない日本ではワイナリーに観光客が来ないだろう、と同情してくれるのだ。

もちろん、飲酒を制限する動きは世界的な傾向である。

私がフランスに留学したのはいまから半世紀近くも前のことだが、その頃のフランスでは食事をしながらワインをボトル一本くらい飲み、飲み終わってすぐにハンドルを握っても誰も咎《とが》める人はいなかった。

四十数年の間に、フランスのワイン消費量は半分以下に減り、飲酒運転の取り締まりは強

化された。が、それでもランチタイムにはグラス二杯までならワインを飲んでもよい、と多くの人が信じている。二杯までなら、アルコール検査をされても基準値以下しか数字が出ない、というのである。

しかし、こればかりは、真似をすることはできない。お酒を飲んだらクルマを運転しない、という鉄則は、いずれは世界中で守られるようになるだろう。そこに行き着くのは、もう時間の問題だと思う。

ワインを飲んだら眠くなる
だからホテルをつくってほしい

私のワイナリーに来る人たちが、よく口にする言葉がある。

「ここに、ホテルがあるといいんだけど」

「ぜひ、オーベルジュをつくってくださいよ」

たしかにその通りだ。ワインを飲んだら眠くなるし、だいいちクルマを運転して帰ることができない。歩いて行ける距離にホテルがあったらどんなにいいだろう。

オーベルジュというのは、フランスではレストランに附属する小さな宿泊施設をいう。もともとは旅館、あるいは旅籠屋《はたごや》といった、食事を提供する宿泊施設のことを意味する言葉なので、日本でいう料理旅館のような、レストランに重きを置いたホテルのこともオーベルジュと呼ぶことが多い。

が、それこそ四十数年前に私がフランスの田舎で出会ったのは、高級レストランがわずか数部屋の客室を階上か別棟に用意しているケースだった。おいしい料理をたらふく食べて、動けないほど満腹になっても、這《は》っていけば寝室にたどりつくことができる……田舎にはそんなオーベルジュがあったものだ。

私も、ワイナリーをつくろうとして最初にプランを立てたとき、建物の最上階に小さな部屋をいくつかつくりたいと考えた。メルロー、シャルドネ、ピノ・ノワール。カベルネは大きな部屋でフランとソーヴィニョンに分かれている……などと部屋の名前まで考えたが、農地法の関係で宿泊施設はできないとか、そしてなによりも建設費が足りないという理由で、残念ながらあきらめたのだった。

いまでは、もう逆立ちしてもホテルを建てる資金はないし、土地や給排水の問題があって立地も難しいのだが、せめてすぐ近くに、誰かがホテルを建ててくれれば……と願っている。

ただ、ひとつだけ、すぐ近くにホテルができたときの問題点がある。

いまでもそうだが、ワイナリーのレストランには、私の友人や知人がたくさん来てくれる。ありがたいのだが、もし友人たちがそのホテルに泊まったら、近くなのだから飲みに来ないかと、毎晩のように誘われるのではないだろうか。そうなったら、こんどは自分のからだがもたないかもしれない……。

というのは半分冗談としても、宿泊業というのは、二十四時間気が休まることのない、考えれば考えるほど大変な仕事である。ある種の使命感というか、自己犠牲的なおもてなしの心を持った人でなければ、できないのではないだろうか。

建物については、新しいのを建てるより、私たちがいま住んでいる自宅を改造するほうが手っ取り早いだろう。もちろん、改造するのは私たち夫婦が死んでからのことだから、オーベルジュができるのはもう少し先になると思う。

パリの日本人レストラン

ひさしぶりにパリへ行った。

学生のときに留学して以来、パリへは毎年のように出かけていたのだが、最近は、三年ほどごぶさたしていた。しばらくユーロが高かったこともあったし、若い頃から通っていた店がなくなったり、知っていた人が亡くなったりリタイヤしたりして、パリへ行っても人に会う楽しみがなくなってきたせいもある。

が、ここのところ、パリには新しいレストランが増えたようで、とくに、日本人がシェフをつとめる店の評判がいいらしい。自分で店をやっている手前もあり、最新のレストラン事情を勉強しに行くのもよいかと思って、一週間ほどパリに滞在した。

私は、パリでは六区のオデオン界隈《かいわい》のホテルに泊まる。学生時代から利用していた安ホテルで、当時よりはきれいになっていて値段も上がっているが、部屋の狭さは昔と変わらない。その安ホテルに泊まって、学生たちが徘徊《はいかい》するような界隈を歩くのが私のパリでの過ごしかただ。

この界隈に、最近はずいぶん新しいレストランができた。それも、ホテルから歩いて行ける範囲だけで、日本人がシェフをつとめる店が数軒ある。

スシはすっかり定着したが、フランス料理の世界でも日本ブームが起きていて、コンブ、ダシ、シイタケ、エノキタケ、ユズコショウ、オンセンタマゴなどの日本語が、そのままフランス語のメニューに交じっていたりする。

もともと日本人は手先が器用でよく働くのでフランスの厨房《ちゅうぼう》でも重宝されていたのだが、こうした背景もあって、日本的な調理技法や飾りつけのセンスが買われてシェフに抜擢《ばってき》されるケースが多くなっているようだ。

長年パリに住んでいる日本人の友人を誘って、いまパリで話題になっているというミシュランの星つきレストランに行ってみた。

ここも、日本人がシェフの店である。

シェフもサービス係もお客さんも日本人
これではパリに行った甲斐がない?

評判がよくていつも超満員というその店に、日本を発《た》つ前から予約を入れてもらって席を確保した。

その日も超満員で、星つきレストランにしては飾り気のない、シンプルというよりは殺風景なインテリアの店内は、すべてのテーブルが埋まって客数は十六人。シェフが直接手を下して全員の料理を丁寧につくるにはこの程度のサイズが適当なのだが、驚いたのは、サービス係も日本人で、そして、奥の席にいた三人のフランス人を除いては、客も全員が日本人だったことだ。

日本のフレンチでも、もう少し外国人の客がいるものだ。せっかくパリまでやってきたというのに、客は日本人ばかりで店内には日本語が飛び交っている……。

たしかに、日本人の観光客にとっては、本場の高級フランス料理（この店も値段は相当高い）を、言葉の心配なく食べられるのはうれしいことだと思う。ちゃんとしたレストランで食事をしてみたいと思っても、言葉が通じなくては予約を取るのも大変だし、店内に入って自然に振る舞うのも難しい。それよりもなによりも、フランス語のメニューを見て食べたいものを選ぶのは大仕事で、考えただけで頭が痛くなる。だからあきらめて、「観光的」だとはわかっていても団体で行けるような店で食べてしまう……というような人には、こういう店の登場は朗報だろう。

私はその店で、最新のテクニックを使った日本人シェフによる先端的なフランス料理を楽しんだが、食事をしながら、それでは日本に旅行したフランス人はどうなんだろう、と考えていた。おいしいおスシ屋さんを紹介してもらって入ってみたら、客が全員フランス人で、スシを握る板前さんもフランス人だったら……。

私たちは、外国旅行の場合、言葉の通じる店で安心して食事をしたい、と思うと同時に、現地の人が来るようなその国の雰囲気のある店で食べたい、とも思う。国内を旅行するときも、観光客ばかりが集まるような店よりも、地元の人たちで賑《にぎ》わう店に行ってみたい、と思うだろう。

あの店は観光的だから、と私たちは言うことがあるが、英語にもフランス語にも同じような言いかたがある。もちろんあまりよい意味ではなく、行きずりの客(ツーリスト)ばかりで賑わう商売優先の店、といったニュアンスだ。「観光的」という言葉がそんなふうに使われるのは、日本でも外国でも「観光」が「現地」や「地元」から離れてしまっていることの証左なのだが、レストランでは客を選ぶわけにもいかないから、繁盛する店ほどイメージの舵取《かじと》りが難しい。

学生気分のパリ

マイレージが溜《た》まったので、パリへ行くことにした。

留学を終えた後から三十年くらいは毎年、それも二回も三回も行ったものだが、最近十年はめっきり回数が減った。ワイナリーの仕事で日本をあまり離れられなくなり、そのうち飛行機代も高くなって、おいそれとは行けなくなった。今回は溜まっていたマイレージをかき集めて、なんとかエコノミークラスの席を確保した。

パリへなにをしに行くのですか、と聞かれるが、とくに用事があるわけではない。学生の頃から徘徊しているセーヌ左岸、六区の界隈を歩きまわり、本屋を覗《のぞ》いたり、知り合いの店を訪ねたり、疲れたらカフェで一杯やりながら道行く人を眺めてぼんやり時間を過ごす、そんな気ままな旅である。

もちろん、帰ってから絵を描くときの資料にするため気に入った風景を写真におさめたり、頼まれている翻訳仕事のために資料を探したり、といった仕事に関わる目的もあるのだが、とくに決まったスケジュールの縛りもなく、一週間続けて同じ街に居続けるのだから、ちょっと学生の頃に戻ったような気分にもなったのだった。

暑くもない寒くもない気持ちのよい季節で、夕方になるとカフェやレストランのテラス席はどこも満員。溢《あふ》れ出た客が舗道に出て、立ったままワインなど飲んでいる。とりわけ、私が昔から泊まっている安いホテルがある六区のオデオン近辺からサンジェルマン・デ・プレあたりにかけての界隈は、店も多く、若い人がいっぱいいて活気がある。あちこちに人だかりができて盛り上がり、店の中からも楽しそうな声が聞こえてきて、通りを歩くだけで、なんとも楽しい気分になってくる。

レストランが繁盛して若い料理人が増えた理由

パリの街は外から見ると昔のままの古い石造りだから、百年前とほとんど変わっていないように見えるけれども、実は中に入るテナントなどは頻繁に入れ替わっており、昔と同じ名前でも知らないうちに経営者が替わっていたりする店が少なくない。

とくに、この十年、店の入れ替わりが激しい。学生の頃から通っていた店の大半は代が替わり、街のようすが一変してしまった。六区は、かつては家賃が高過ぎて飲食店が経営できないといわれた地域だが、そこに新しいレストランが増えたのも最近の現象だ。しかも、増えたレストランがどこも満員で繁盛している。フランスの景気がとくに上向きというわけではないのに、どうしてこんなに飲食店が賑わっているのだろう。

パリに住んでいる友人を呼び出して、食事をしながらそのあたりの事情を聞いてみた。友人が予約をしてくれた店も新しい繁盛店で、オープンキッチンの向こうでイケメンの若い料理人がてきぱきと働くのが見え、客席も若い男女でいっぱいだ。

友人の話では、料理人はいまフランスの男子がいちばんなりたい職業なのだそうだ。テレビでは『料理の鉄人』のようなプロの腕くらべの番組が人気で、そのため調理師希望者が急増しているという。ちょうど、日本で二十年くらい前に起こった現象そのままである。日本では、その頃に増えた料理人がいま三十代の後半になり、そろそろ店を構えて独立する年齢にさしかかっている。が、逆に若い世代では調理師希望者が激減し、独立するシェフを支える下働きのスタッフが見つからずに困っている。若い人たちは料理人のような夜遅くまで長時間労働する職種を嫌い、厨房でシェフに叱《しか》られながら修業するなんてまっぴら御免、という気分が強いからだ。

フランスは、週三十五時間労働が原則である。社会党政権によって労働者を保護する政策として決められた当初は、三十五時間では料理人は三日間しか働けない、と大反対が起こり、その後特別に多少の延長が認められたが、それでも週休二日はかならず与えなければならない。だから個人経営の店では対応ができず、大勢のスタッフを雇って休日を与え社会保険をかけシフトで交代させ、一部のメニューはセントラルキッチンから供給し……というようなことができる、大きな資本家グループかチェーン店でなければレストランを経営するのが難しくなった。

友人と食べた店も、新しいセンスの料理でそこそこおいしかったが、働いているのは若い人ばかり。というのも、オーナーは業態の異なる飲食店を四店経営していて、シェフは一人で四店の料理のメニューとレシピを考え、それを若いスタッフに教えてその通りにつくらせ、毎日見回ってチェックする。そうすれば週休二日が確保されるから若い人が就職しやすくなり、店としても技術よりイケメンを優先することができるわけだ。

若い人が長時間労働を嫌ったら、これから「職人」が育つのかどうか、疑問もあるが、それは最新の調理マシンやマニュアルがあるから大丈夫、ということだろうか。

ブランド好きの行方

日本人のブランド好き、中国人のブランド好き……と言うけれど、フランス人だって負けず劣らずブランドが大好きだ。

私がはじめてパリに行ったのはいまから四十五年以上も前のことだが、その頃から、カフェの日除《ひよ》けに記された店名の横に、「ベルティヨンのアイスクリーム（あります）」と大書した店があちこちにあった。セーヌ河に浮かぶサンルイ島にベルティヨンという名のアイスクリーム屋さんがあり、そこのアイスクリームがおいしいというので、パリ中のカフェがこぞってそこから仕入れていると自慢していたのだ。

ポワラーヌのパン、というのも有名ブランドだ。ポワラーヌは左岸のシェルシュ・ミディ通りにある小さなパン屋だが、薪窯《まきがま》で焼く田舎パン（パン・ド・カンパーニュ）はここがいちばんという評判で、あちこちの店が、ポワラーヌのパン使用、ポワラーヌのパンでつくったサンドイッチ、とわざわざ書き出して宣伝している。

バターならフランス中西部のエシレという産地が伝統的なブランドだが、最近はもう少し北にあるブルターニュ地方の、ボルディエさんのバター、というのが人気で、

「当店のバターはすべてボルディエさんのバターです」

などとメニューに明記するレストランが増えている。

野菜なら、ティボーさんの野菜、というのが大流行だ。ジョエル・ティボーさんの有機野菜はフランス一おいしいとされ、多くのシェフがわざわざティボーさんがつくる野菜を求めてメニューにも書き出している。

どんどんメニューの説明は長くなるが
中身が本物かどうかはわからない

日本人も負けていない。日本料理が大流行しているだけでなく、フランスに住んで食材をつくる人も増えており、野菜では、ティボーさんの野菜が一人勝ちだったところへ、ヤマシタさんの野菜、というのが割り込んできた。

ヤマシタさんはその名の通り日本人で、この人がパリ近郊の農場で育てる野菜が評判になったのだ。私が前年パリで入ったあるレストランでは、料理を運んできたウェイターが皿の上の料理を一通り説明したあと、

「このニンジンはムッシュー・ヤマシタのニンジンです」

と自慢げにつけくわえたものだった。

料理の素材について、産地や生産者の名前を特定してそのブランドを宣伝するようになったのは、決して最近のことではない。

が、その程度が度を越すようになったのはここ何年かのことで、

「ポワラーヌのパンにボルディエさんのバターを塗ってヤマシタさんの野菜をはさんだサンドイッチ……」

というふうにメニューの表現はどんどん長くなり、さらには塩や胡椒《こしょう》や唐辛子まで、いちいち生産された国や地域の名を冠するようになってきた。

チョコレートだって、昔はカカオの産地までは特定しなかったが、いまでは産地ばかりか、なんという名の農場で誰それが収穫して木桶《きおけ》で何週間発酵させたカカオ……などと物語が語られ、チョコレート屋さんの店先には原料の産地別に区分された製品が分類表のように並んでいる。

先進国の余裕のあるクラスの人たちは、日本だけでなく、フランスでもその他の国々でも、そういう他にない物語を求め、少しでも差別化された高級品を求めて、少しくらい高くてもブランド品がほしいと手を伸ばすのだ。そんな表示や物語の中に虚偽や偽装が紛れ込んでいたとしても、誰もわかる人はいないかもしれない。

日本では以前、ホテルのメニュー表現が槍玉《やりだま》に上がったが、この手の偽装表示は世界中で昔から繰り返されてきた問題であると同時に、情報量が格段に肥大化した現代ではその構造がいっそう複雑になってきた、と言うことができるだろう。

フランスでも日本でも、昔は、山の中の宿に泊まれば夕食に出てくる料理は川魚と山菜とキノコに決まっていた。それがいつのまにかどんな山奥でも海の魚が出てくるようになり、どこでも同じように鮮度のよい海の魚が食べられるようになると、今度はまた、やっぱり山の中では地元で獲れた川魚が食べたい、と旅行客は言い出すのである。そんな要求に翻弄されて、差別化された食材やブランド化された産地を求め続けてきた結果、その際限のなさに気がつくことができれば、私たちは再び足元の食材を見直すかもしれない。

が、さて、旅館の食膳の上の川魚が、本当に近くの川で釣ったものか、それとも冷凍で遠くから運ばれてきたものか、私たちに判定できるだろうか……。

Ⅲ　ようこそ日本《ジャパン》

定着した遊牧民

信州に移住して三十年を超える。軽井沢《かるいざわ》に八年、いまのところ（東御市《とうみ》）で畑仕事をはじめてから二十数年。私は東京の杉並《すぎなみ》に生まれて二十二歳のときまでそこに住んでいたのだから、農園暮らしはその期間よりも長くなった。

杉並の生家は人手に渡って、家族は国分寺《こくぶんじ》に引っ越した。私はフランスに留学した二年を除くと国分寺で四年を過ごし、それから六本木《ろっぽんぎ》にアパートを借りて都心での生活をスタートさせた。その後は、六本木、麻布十番《あざぶじゅうばん》、西麻布、三田《みた》、白金台《しろかねだい》と、毎年のようにマンションを替えて引越しを繰り返す、いまで言うノマド（遊牧民）のような暮らしを楽しんだのだった。

若い頃は、できるだけモノを持たず、思い立ったらいつでも旅に出られるような暮らしをしたいと願っていた。

実際、その頃の持ち物といえば、わずかな生活用品のほかは、かさばるのは本くらいのものだった。洋服だって、大きなトランクがあれば入ってしまう。本は日常の仕事に必要なもの以外はまとめてトランクルームに預けていたから、その気になればいつでもマンションを引き払うことができたのだ。

長い旅に出る前、一度それを試みたことがあった。ある出版社から三ヵ月以上にわたる長期海外取材の仕事が入ったので、持って出かけることのできるもの以外はあちこちに預け、住んでいたマンションの契約を解約した。

ところが、そうして滞りなく準備を済ませ、飛行機の切符を受け取ろうとして出版社に行ったら、社長が出てきて、

「申し訳ない、あの企画はボツになったから出張はなくなったよ」

と一言。唖然《あぜん》とする私の肩をポンと叩《たた》いて、

「悪かったな」

と言って社長は去っていった……。

田舎の空き家問題は
決して他人事ではない

出版の仕事は、まあたいがいそんなものである。きちんと契約を取り交わすわけではなく、口約束ですべてが進行する。だから文句を言ってもはじまらないし文句を言うつもりもないのだが、困ったのは住む家がなくなってしまったことである。私はしかたなく、出発まで数

日間を過ごそうと考えていた友人の家に転がり込んだ。

実は、その友人……というのは当時つきあっていた女性で、結局、私はそのまま彼女の家に住みつくことになった。つまり、たった独りで颯爽《さっそう》と旅に出る……という私の理想はもろくも崩れて、だらしない居候のような存在に成り果てたのだった。

理想と現実は、かくのごとく異なるものである。

無一物で、旅から旅へと彷徨《さまよ》い歩き、風のように去ってはふらりと現われる、漂泊の詩人のような人生……は、一時の夢に終わってしまった。

いま、身のまわりを眺めてみると、なんでこんなにモノが増えてしまったのだろう、と愕《がく》然《ぜん》とする。家の隅々まで、膨大な量のモノが溢《あふ》れているではないか。

いま、日本の田舎《いなか》では空き家が大問題になっている。

昔なら、息子が嫁を取って両親の面倒を見ながら古い家で暮らす……というのがふつうだったが、最近は、息子夫婦は町に出てマンションに住むか、地域に残ったとしても、古い家は暮らしにくいといって、両親の家の隣に新しい家を建ててそこに住む。するとそのうちに両親は相次いで亡くなり、古い家には誰も住む人がいなくなる……。

こうして、田舎にはどんどん空き家が増えていく。この頃は都会から移住を希望する人も増えて、「古民家」の賃貸物件は人気なのだが、知らない人には貸したくない、という人もまだ多いし、貸してもいいが家の中が片付いていないから貸せない、という人はもっと多い。古い家は、家具やガラクタが詰まった状態で閉めてしまうから、使うことができないまま、放置されて傷んでいく。

なんとかこの問題を解決する方法はないだろうか。古い品を整理するには縁のない人のほうがいいから、ボランティアの若者で「空き家掃除隊」を結成して一挙に片付けるとか……などと考えていたら、あれ、そういえば自分の家がまさしくそんな「空き家」のひとつになりかかっているのではないか、と気がついた。もしこのまま私たち夫婦が死んでしまったら、この膨大な荷物を誰が片付けるのだろう。

そう気がついてから、ふたりで突然モノの整理をはじめた。手はじめに、廊下の両側に並んだ本棚に詰まっている古本から、捨てるものを選び出す。それにしても、無一物を夢見た若い頃から、こんなにたくさん本を溜《た》め込んできたとは……。

山のある風景

朝は、日の出とともに起きる。田園に住んで農作業をはじめるようになってから、すっかり自然のリズムが身についた。

窓の外が明るくなる頃に目を覚まし、しばらくして森の中の鳥の声がうるさいほど耳に届くようになると、のそのそとベッドから起き出してトイレへ行く。窓から外を見ると、遠くの山に朝日が当たっている。

家は信州の里山のほぼてっぺんにあって、二階の窓からは、目の前に広がる畑の斜面とその先に広がる上田《うえだ》盆地、そこを流れる千曲川《ちくまがわ》の姿がよく見える。盆地の向こうにはまたいくつかの里山が重なり、さらにその奥には日本アルプスの稜線《りょうせん》が望まれる。

朝、起きる頃は、家の裏に当たる東側の森の中から太陽が顔を出し、正面のアルプスの山肌を照らしはじめる時間である。空気が澄んで遠くがよく見える日は、朝の光を浴びて山肌が金色に輝くことがある。

いまの場所に家を構えてから、二十年を超えた。が、毎朝、毎日、同じ山の風景を眺めていてまったく飽きることがない。

晴れた日の遠望ももちろんだが、雲や、霧や、ときには雨がつくりだす風景にも風情がある。上空は晴れているのに盆地だけが白い雲で覆われていたり、向かいの里山の斜面を伝うようにして白い雲が下りてきたり、麓《ふもと》から湧《わ》き起こった霧があっというまにあたりを覆いつくしてなにも見えなくなったり、季節と時間がつくりだす山間《やまあい》の風景は、二十年間見ていても同じものはふたつとない。

起き出したあと、朝食の前に犬を連れて散歩に出るのだが、このときも山を眺めながら歩く。そして、死ぬまで飽きずに山を見ながら暮らせることを、なによりもうれしく思うのだ。

信州人は山を見ると安心するというが
山に住んでいるとときどき海が見たくなる

信州人は、山を見ると安心する。東京から帰ってくる途中、山が見えると、ああ、信州に帰ってきたと安堵《あんど》する……のだと、引っ越してきて間もない頃しばしば聞かされたものだが、よく意味がわからなかった。

ところが、山に囲まれた生活を何年か送るうちに、東京生まれの私たち夫婦も、しだいにそう思うようになった。いまでは、どこかほかのところに旅行で出かけたときも、そこが山の見えない場所だと、どうしてこんな（山も見えない）つまらない土地に住んでいるのだろう、とさえ思うようになった。

東京で暮らしていた若い頃は、海のほうが好きだった。水泳が得意だったこともあり、夏は毎年かならず伊豆《いず》の海に出かけた。泳ぐのも、砂浜に寝ころぶのも、寄せては返す波の動きを見るのも大好きで、将来もし家を建てるなら海のそばに建てたい、と思ったものだ。

私はいまでも山登りはやらないし、スキーもやらない。だから山にはまったく興味がなく、三十代の後半までは、信州の山の中に引っ越すなんて考えてもいなかった。

人生はどう転ぶかわからない。ひょんなきっかけから東京を離れ、縁あって信州に住むようになった。住めば馴《な》れるもので、海よりも山が好きになった。

長野県は海なし県だから、海の魚が手に入りにくいだろう、といって、友人や知人はサケや、ブリや、タラや、いろいろな魚を送ってくれる。もちろんいまでは近所のスーパーに行けば鮮度のよい魚介類があるから不自由はないのだが、それでも山の中にいながらにして港から直送の活魚を食べられるのは現代人のしあわせである。

が、大きなタラやブリを台所の流しでさばくのは結構たいへんな仕事で、馴れないこともあっていつも格闘になる。ようやく解体が終わる頃には、流しの周辺には血と脂が飛び散り、あたりは魚の匂《にお》いでいっぱいになる。そのたびに私たちは、山の中の農家でよかったね、野菜の土を洗うのは簡単だけど、もし私たちが海辺の漁師だったら、毎日こんなことをしなくちゃならないんだよ、と言って笑うのだ。

もちろん海辺の漁師さんの家には、流水が大量に使える流し台があるだろうし、馴れているからさばきかたも上手で、血も匂いも気にならないだろう。彼らにとっては野菜についた土や虫のほうがよっぽど気持ち悪いかもしれない。所変われば品変わるとはよくいったものである。

私たちは山に住んでいるから山の景色が好きだが、旅に出るときは海の景色を見たいと思う。どんなに素晴らしい山の風景を見ても、家にいるときとあまり変わらないので、旅をしている気がしないからだ。山に住んで、ときどき海辺に旅をし、誰かがさばいてくれるおいしい魚を食べるのがいちばんよい。

旅は道連れ

私は時間に正確である。

人と待ち合わせるときは、かならず早く行く。それも、十分に余裕を見て。たとえば、どこそこのホテルのロビーで待ち合わせ、と決めたときは、少なくとも三十分前には行くようにして、少し離れた（ロビーからは見えない）場所で、本でも読みながら時間を潰《つぶ》す。そして、五分くらい前になったらロビーに顔を出す。さも、いま来たような顔をして。

あまり早くから来ていることがバレると、先方が恐縮するかもしれない。向こうは待ち合わせの時間ぴったりに来たとしても、相手が早くから待っていると、なんとなく申し訳ないような気持ちになるものだ。

もちろん交通事情その他の理由で余裕がなくなることもあるが、約束の時間に遅れることだけは避けたいと思っている。これは、相手に悪いというより、自分自身の気が済まないからだ。

そのかわり、人に待たされるのは平気である。二十分でも、三十分でも、さすがに一時間となるとどうしたのか心配になるが、ボーッとしてヒマを潰すのは苦痛ではない。読む本を持っていなくても、自分がいま抱えている問題の対処法を考えたり、次の締め切り原稿の内容を考えたり、頭を働かせることはなにかしらあるので、ボーッとしながらでも時間を有効に使う術《すべ》は心得ている。が、人に待たされて時間を過ごすのは平気でも、人を待たせる人間は、どちらかというとあまり好きではない。

いっしょに旅をするために必要な人間の資質とは

旅は道連れというが、道連れにしたくない人間もいる。とくに、私にとっては、時間に正確でない人がいちばん嫌だ。

そういう人がいるのである。あしたの朝は七時に朝食。ホテルからの出発は八時半。と決めておいても、なかなか朝食にあらわれないから心配になって部屋に電話すると、寝坊したからルームサービスを頼んだ、などと言って平然としており、八時半になって全員がロビーに集まっていると、十分くらい遅れてひとりだけ悠々とやってくる。しかも、さあ出発だ、と出ようとすると、あ、ちょっと、出かける前にトイレに行ってくる……と言って姿を消す。そういう最悪の旅の道連れはこれまでに何人かいて、いまでもはっきりとその顔を思い出すことができる。

若い頃はひとり旅を好んだが、歳を取ってからは仲間を誘って旅に出る機会が増えた。異文化を体験したり、ハプニングを楽しもうとするならひとり旅のほうがよいけれども、物見遊山は気心の合った仲間と行くのが楽しい。

そのときに、私が考える好ましい道連れの条件は以下のようなものである。

まず、すでに述べているが、時間に正確なこと。いっしょに行動する上で、この資質は絶対に欠かせない。

それから、食べものの好き嫌いがないこと。

なんといっても旅の楽しみは食べることだから、あまり激しい好き嫌いがあると、せっかくの旅を楽しむことができない。旅先でおいしそうな店を見つけても、あれは嫌い、これはダメ、ではチョイスが狭まるし、できれば好き嫌いがないだけでなく、初めて食べるその土地のものにも興味を示す、好奇心の旺盛《おうせい》な人のほうがなお楽しい。

ついでに、お酒が飲める人。これは、まあ、飲まない人の前で私だけが飲むのも気が引ける、という勝手な理由ではありますが。

あと、旅で体調を崩さない人。ふだんは元気でも、すぐにおなかを壊したり、ちょっとしたことで風邪《かぜ》を引いたり、旅先で具合が悪くなるのは同行者に迷惑をかける。

もっとも、これは決して本人の責任ではないわけで、そういう事態になったら優しくケアしてあげるのが務めだろう……とは思うのだが、私自身が、これまで国内も海外も数え切れないほどの旅をしているのに、旅先で病気になった経験が一度もない。だからどうしても想像力に欠け、そういう道連れの対処には悩んでしまうのだ。

いっしょに旅をするために必要な資質は、人それぞれに違うだろう。

が、私の場合は以上のような単純な要件が満たされれば問題なく、そんなふうにしてたがいに選び、選ばれながら、なんとなく落ち着いた旅の仲間が何人かいる。

実際には、歳は取ってもまだ忙しくしているので時間がなく、せいぜい一年に一回、一週間くらいの休みが取れれば上々なのだが、そんな仲間とゆっくりと旅をするのがなによりの楽しみとなっている。しかも、その仲間の中に妻が入っているのは、なによりも幸いと言うべきだろう。

雪の東北温泉旅行

いつもいっしょに旅行する友人がいる。といっても旅行するのは二、三年に一度くらいのものだが、アメリカに住む夫婦三組がその仲間である。

一組は、若い頃からアメリカに渡った日本人とポルトガル系アメリカ人のアーティスト夫婦。もう一組はイタリアにも家を持つイタリア系アメリカ人の夫とその妻で、夫は数学絵本の作家として活躍している。それに、アメリカでIT企業を経営するインド人の夫婦。もともと彼らは同じアートスクールを出た同窓生を中心にできあがった仲間で、それぞれの出身地である日本とイタリアとインドを交互に訪問する旅を繰り返していた。その仲間に、私たちはあとから加わって、おもに日本を旅するときに道連れとして参加するようになったのだ。

年齢は、夫婦合わせて百三十歳の私たちがいちばん若く、平均すると七十歳に近い。が、みんな元気で、なんでも食べるし、どこへでも行く。この冬は、日本の雪景色が見たいというので、青森県の酸ヶ湯《すかゆ》からスタートして、秋田県の横手《よこて》を経て山形県の銀山《ぎんざん》温泉にいたる東北旅行を計画した。

今回はインド人夫婦がお嬢さんの出産と重なって参加できなかったので、私たちを含めて六人の旅行となった。二組の夫婦はアメリカから成田《なりた》に飛び、東京ステーションホテルに一泊して翌朝の新幹線で青森へ。私たちは途中の大宮《おおみや》から合流した。

青森に着くと、今年（二〇一四年）は雪が少ないという。しかも、街中の雪が解けてシャーベット状態になる暖かさで、これじゃあアメリカのほうが雪が多い、と大笑い。ニューヨークもボストンも強烈な寒波で、大雪で飛行機が飛べない空港が多く、今回は彼らも予定より大幅に遅れて成田に到着したのだった。

青森では巨大なねぶたに度肝を抜かれ、素晴らしい県立美術館に感嘆し、ストーブ列車ではスルメを焼いて日本酒を飲んだ。そしていよいよ雪の本場である酸ヶ湯へ向かったのだが、ちょうどこの日から寒波が来て、朝から本格的な雪が降りはじめた。

期待通りに酸ヶ湯は大雪
幻想的な白い世界を堪能した

酸ヶ湯は、前年の冬は五メートルを超える積雪で有名になり、テレビでも雪というとすぐ酸ヶ湯の映像が映されるようになったが、行ってみてその理由がわかった。青森から、案外近いのである。雪深い八甲田山《はっこうださん》の麓というから、よほど山奥にあるようなイメージを抱いていたが、クルマで行けば一時間もかからない。もちろん道の両側は数メートルにおよぶ雪の壁で、風に飛ばされる雪であたり一面真っ白な中を運転するのは慣れていなければ危険だが、朝晩かならず除雪車が入るので通行止めになることはほとんどないらしい。が、地元のマイクロバスの運転手さんが、

「はい、着きました。ここが酸ヶ湯温泉ですよ」

と言ってクルマを止めたときには、フロントガラスの前は激しく降る雪のためなにも見えず、降りて歩いているうちに旅館の建物がうっすらと輪郭をあらわした。

結局、この日は一日で一メートルの積雪があったという。まさしく、雪の観光に来た甲斐《かい》があったというわけだ。

酸ヶ湯は、混浴の「千人風呂」で有名な、古い、大きな木造の旅館。部屋にトイレはついていない。顔を洗ったり歯を磨いたりするときは長い廊下にある共同の洗い場を使うという、昔ながらの宿である。だからちょっと心配していたのだが、わが外国人一行は、最初はびっくりしていたが、すぐに慣れたようだった。

旅をするのによい仲間の条件は、おなかが丈夫でからだを壊さないこと、なんにでも興味を持ち、なんでも食べること。そして、時間をよく守り、ともに行動することに慣れていること……といったところか。その意味で、このグループが長続きしているのは理由がある。

外国人の中には日本式の風呂に入るのが苦手、という人が少なくないが、朝風呂でいっしょになったイタリア系アメリカ人の絵本作家は、頭の上にタオルを載せて、風呂に入るなり、ウーッ、と言って気持ちよさそうに唸《うな》っていた。ガイジンも風呂で唸るんだ……と思ったらうれしくなった。

その日から、毎日激しい雪が続いた。マイクロバスの窓の外は、白一色。道路の境界を示すポールの先端がわずかに雪の上に出ており、それだけを目印にスラロームのように進んでいく。幻想的な、ホワイトアウトの世界だった。

その後、四日続けて温泉をハシゴし、もっと近代的な高級旅館にも泊まったが、やっぱり寒くて不便な酸ヶ湯温泉がいちばんよかった、と言って彼らは帰っていった。

そういえば、雪に埋もれて酸ヶ湯に泊まったあの晩、ストーブを消すと寒くて眠れない夜の気温は、なんとマイナス十三度だったという。

異常気象と天気予報

天候不順は毎年のこととはいえ、最近はその振幅がとみに大きくなっている。

前年（二〇一二年）は十二月から雪が降って冷え込み、年が明けてもしばらくは例年以上に寒かったが、三月の声を聞くと急に暖かくなって予測より早くサクラが咲き、かと思うと、そのあとで寒波が戻り雪が降った。

私が住んでいる信州の里山では四月二十一日に十五センチの積雪があり、こんなことは二十数年前に引っ越してきてからはじめてだ、と言ったら、村の年寄りが、もっと前に四月二十五日に大雪が降ったことがある、と教えてくれた。あれは誰それさんの葬式の日で……とその情景まで語ってくれたから記憶違いではないだろう。そうなると、異常気象はかならずしも近年だけのことではないのか。

これまでも四月に雪が降ることはあったが、いつもは淡い春の雪で、昼になれば消えてしまうものだった。ところがこの年は気温が上がらず、そのまま二日近くも解けなかった。そのために収穫がはじまったアスパラはもちろん、リンゴやナシやアンズの花芽がやられ、果樹の収穫は相当減ることになった。

ブドウは、芽が出るのがもっと遅いので助かった。しかし、見事に咲いていたコブシやモクレンなどの花は、見るも無残に枯れてしまった。サクラは満開の花の上に雪が積もっても、なんとか生き延びる。花によって寒さに対する耐性が異なるのはどうしてなのか。いつも不思議に思うことのひとつである。

春に咲く花は、気温が上がって「春になった」と判断したから咲くのだろう。そこへ突然、冬に逆戻りしたような寒さが来る。自然が自然をだます、というのは、どう考えても理不尽ではないか。

春の大雪が降った明くる日はよく晴れて、真っ白な雪に覆われた森の中で、ウグイスが啼《な》いていた。ウグイスは雪が降るあいだ、どうやって寒さから身を守っていたのだろう。

雨の日の旅は風情があると天気予報で言ってくれないか

サクラが咲く時期は多くの日本人の関心事だが、年によっては突然の暖かさで開花が早まり、各地で予定されていた桜祭りなどのイベントの主催者を困らせることがある。メディアやポスターで告知するためには早くから日程を決めておかなくてはならないが、最近は予測が大きく外れることが多くなったのだ。

だから……といってなんでも地球温暖化のせいにするのは芸がないが、たしかに天候の急変は多くなった。季節はずれの突風や豪雨も少なくない。

一方で、天気予報は正確になった。いまや地球上空の雲や空気の動きはすべて正確に把握され、刻々とデータが集まるのだから、誰がやってもそう間違いようがないのだろう。それでも、毎日の予報が、少しずつ時間的にずれることはある。週間予報ともなると、最初の二、三日は信用できるがそれから先はあまり当てにならない。長期予報になればなおさらだ。

が、日本人は、おそらく世界中でいちばん、天気予報に従順な民族ではないかと思われる。四季に恵まれた土地で暮らし、気温や湿度の変化に敏感な資質があるからだ、といえばその通りなのかもしれないが、ときどき、それほどまで天気予報の言うことを鵜呑《うの》みにしなくてもいいじゃないか、と私は思う。

予報のほうも、天気の変化を述べるだけでなく、傘を持って出かけろだの、コートを着たほうがいいだの、人の行動を指図するようなことを言う。雨や風が強くなりそうだから外出をお控えください、と言うに至っては、まったく余計なお世話である。

とりわけ、観光地で商売をしている者にとっては、天気予報の片言隻句《へんげんせっく》は死活問題である。私も田園リゾートでレストランをやっているが、天気予報で雨といわれた日は、はっきりと予約が減る。外出を控えたほうがいいと天気予報が言えば、途端に予約のキャンセルが続出する。実際は晴れたとしても、もう取り返しがつかない。風評被害とはまさしくこのことである。

私が住んでいるところは長野県だが、天気予報でいう「長野」(長野県北部にある長野市)とは遠く離れているため気候は大きく違い、その上に局地的な差異もあって晴れる日が多いので、降りもしないのに雨と言われたときの落胆は大きい。

天気予報は、全国の観光業の振興のために、晴れる日に「お出かけ日和《びより》です」と言うのはよいが、雨の日も「雨に濡《ぬ》れた緑は美しいですよ」とか、「雨の中の街歩きも楽しいものです」とか、「雨の日は旅館でゆっくり過ごしましょう」とか、少なくとも週末や観光シーズンには、人が出かけるような言葉をかけてくれないだろうか。

ジャカランダの花見

長野県東部と山梨県の一帯を襲った「バレンタイン豪雪」の積雪が、一ヵ月以上もかけてようやく消えたと思ったら、お彼岸を境に急に春めいてきた。が、前年（二〇一三年）は四月二十一日にドカ雪が降って果樹の花芽がやられたから、これからまだなにがあるかわからない。最近の気象は、まったく予測が難しくなった。

日本人の季節感は、長いあいだの順当な四季の繰り返しによって育まれてきた。花見の春、お盆の夏、紅葉の秋……。しかし、短歌や俳句、物語文学などによって私たちの頭に刷り込まれた季節感は、宮廷があった京都を中心とする関西圏の気象条件に基づくもので、南北に長い日本列島の全体に共通するものではない。

――落葉樹は、秋になると紅葉し、そのあと葉を落として冬に備えます。

奄美大島《あまみおおしま》で生まれ育った友人は、子供の頃、学校の試験でこの文章が正しいかどうかという設問に、「×」と書いたら零点だった、と言っていまでも憤慨している。奄美大島や沖縄では、秋になっても木の葉は赤くならないし、落ちもしない。が、それは一般の「日本人の季節感」に馴染《なじ》まない、というのが教師の判断だったのだ。

春は花見。しかし花見の期間は短いからすぐに済み、花見が終わるとそろそろ農作業が忙しくなる。で、梅雨《つゆ》になる頃には田植えがあり、水や温度の管理に気を使う時期がしばらく続く。稲の生長が一段落して少し手を休めることができるのが、お盆の時期だ。その後はまた秋の収穫に向けて忙しい……日本列島のほぼ中央を占める地域における稲作のスケジュールが、日本人の観光のシーズンをかたちづくってきた。

最近の話だが、六月に海外旅行に行くことを父親に告げたら、そんな時期に旅行へ行くとは何事だ、と叱《しか》られた若い友人がいる。父親はもう高齢でコメはつくっていないのに、田植えの時期に家を空けるという考えそのものが理解できなかったらしい。

作物の栽培適地は変化する

花見もいつまでサクラだろうか

私が長野県東御市で営んでいる農園は、標高八百五十メートルの里山の上にある。二十数年前、そこにワイン用のブドウの苗木を植えようとしたときには、そんな高いところでは寒くてブドウは育たないと、多くの専門家から止められたものだった。

それがいまでは、先見の明があった、と言われている。もちろん先見の明があったわけではなく、単にラッキーだっただけなのだが、地球温暖化はわずか十年でそれほどの影響を及ぼしているのだ。

いま、長野県のワインが評価を高めているのも、山梨県などと較《くら》べて標高の高いブドウ畑が多いせいである。ワインメーカーの中には、十年先を見越して北海道に拠点を移そうとするところも少なくない。北海道でいまのようにおいしいおコメができることも十年前には考えられなかったのだから、作物の適地が想像以上のスピードで変化していることがわかる。

信州では、春と初夏がいっしょにやってくる。

東京や京都でソメイヨシノの開花が伝えられてから何週間か遅れて、長野県各地のサクラの名所が満開になる。冷たい風に首をすくめていた木々の葉がいっせいに芽吹いて、うっすらとした若緑が山を包む信州の春は圧巻の美しさだ。その新しい緑のあいだに、ほんのりと白く浮かんで見えるのがさまざまな種類のヤマザクラ。ウメや、モモや、リンゴや、アンズや、白から赤にいたる無数の諧調《かいちょう》に彩られた花の数々が、次々に開花して目を楽しませる。

ワイン用のブドウの樹《き》は、早ければ四月の末、ふつうは五月に入ってから新芽を吹く。この時期には晩霜を警戒するのが例年の慣わしだったが、最近はあまり心配しなくてよくなったのも温暖化のせいだろうか。

この調子でいくと、もっと標高の高い畑も必要になるに違いない。そう思って、いまよりさらに五十メートルほど高いところに、新しい畑を借りた。五十年後には、コメは本州では穫《と》れなくなる、と予想する人もいるくらいだから、そうなったら信州ではリンゴのかわりにミカンをつくるようになるだろう。

私は、ジャカランダという、紫色の美しい花をつける大きな樹が好きである。南方の国で咲く花で、すでに「ハワイ桜」という別名もあるらしい。日本では宮崎県の日南《にちなん》市に群落があると聞くが、まだ行ったことはない。暑くなり過ぎてサクラが咲かなくなったら、花見はジャカランダになるだろうか。

その頃には、全国の花の名所はすっかり様変わりして、日本人の季節感も変わっていることだろう。

日本列島でコメがつくれなくなれば、観光シーズンの概念も変わるかもしれない。

東京のホテルに泊まる

最近は、田舎に引きこもったまま、めったに東京へ出かけることがない。出かけたとしても日帰りで、東京に泊まるのは二ヵ月に一回あるかないかである。新幹線のおかげで便利になり、泊まる必要がなくなった。

以前は、もっと忙しく仕事をしていたし、長野方面からは全国どこへ行くにしてもいったん東京に出ることになるので、ひと月に何度も東京駅を利用したものだ。

先日、ひさしぶりに上京したら、東京駅が大変なことになっていた。

新しい駅舎が完成して話題になっていることは知っていたが、もうあれからだいぶ日が経《た》ったし、そろそろ落ち着いた頃だろうと思っていた。が、落ち着くどころか、丸《まる》の内《うち》の改札を出るとみんな上のほうを見上げてポカーンとしているし、駅舎を出て歩こうとすると、記念写真を撮る人が駅舎のほうに人を立たせてカメラを向けているので、大きく迂回《うかい》しないと進めない。東京駅が、観光名所になっているのだ。

東京ステーションホテルも、すっかり様変わりしてしまった。入口玄関の位置は変わらないが、昔はそこに小さなロビーがあり、その奥に狭い喫茶スペースがあった。私はよくそこで人と待ち合わせをしたものだが、狭いので座れないことが多く、そういうときは脇《わき》の階段を上ったところにある食堂を利用した。古めかしい、昔ながらの洋食を食べさせる食堂だった。

ドームをめぐる回廊には、カウンターだけのバーコーナーがあり、応接ソファーを置いた場所もあり、カメリアという薄暗い名物バーには常連が集まっていた。懐かしいが、いまはまったく構造が変わってしまった。

ホテルの部屋にも、何度か泊まったことがある。天井が高い広い部屋と、くすんだ内装や調度品が古いイギリスのホテルのようだった。夜遅く、遠くから列車のベルの音が聞こえてくるのも風情があった。

住んでいる町のホテルに泊まると知らない町を旅している気分になる

ふつう、東京に住んでいる人は東京のホテルには泊まらないものである。宴会や会合で昼間ホテルを利用することはあっても、用事が済めば自宅に帰るのがふつうだろう。特別の目的でもない限り、わざわざ高いお金を払ってホテルに泊まる人はいない。

私は東京生まれの東京育ちで、三十年ほど前に長野県に引っ越すまでずっと東京で暮らしてきた。が、若い頃から旅行ガイドや通訳の仕事をしていたので、東京に住んでいながら東京のホテルに泊まる機会が多かった。

外国人のツアーに添乗するときは、お客さんと同じホテルに泊まる。通訳のときも、重要なお客様の場合は、夜中に呼び出されるかもしれないので同じホテルに泊まる。二十代から三十代の頃の私には、とても新鮮な経験だった。

仕事だから時間が自由になるわけではないが、それでも、朝早く目が覚めたときなど、ひとりでホテルのまわりを歩いてみると、そこには日頃見慣れた東京の街とはまったく違う表情があった。

銀座《ぎんざ》で飲んで、銀座のホテルに泊まる。で、朝早く起きて、まだ人通りのない銀座の通りを歩いてみる。ゴミがあって、カラスがいて、飲んだまま夜を明かしたような人が歩いていて……夜の闇《やみ》と人工的な光の中にあった風景とはまったく違って、生活感と人生の寂寥《せきりょう》を感じさせる、胸に染み入る風景である。それは、パリに旅して早朝の街を歩くときの気分に似ている。

都心にあるホテルに泊まって、大きな窓から外の風景を眺めてみる。東京スカイツリーや東京タワーほどではないが、ホテルの上階からの眺めも素晴らしい。場所によっては、皇居の緑が手に取るように見えたり、新宿御苑《しんじゅくぎょえん》がこんもりとした山のように見えたりする。東京に住んで東京の地理はよく知っているつもりでいても、角度を違《たが》えて見た風景はまったくの別物のようである。

しかし、思い出してみると、昔よく泊まったホテルは、いまはその多くがなくなってしまった。ホテルニュージャパンが火災で焼失したのはずいぶん昔のことだが、とうとう赤坂《あかさか》プリンスホテルも取り壊しになり、東京ヒルトンホテルも丸の内ホテルもパレスホテルも、名前は同じだが昔とは別の建物に変わってしまった。

東京のホテルは、ロンドンやパリやニューヨークと比較すると、ゴージャス感には欠けるが値段が安い、と言われてきた。それが、最近は新しくなると同時に値段が高くなり、これからできる高級ホテルにはさらに高いものがあるという。もともとふつうの人が泊まるようなところではないのだから、高くなっても関係はないのだが、若い頃に経験した、住んでいる町に泊まる旅のような感覚は忘れ難い。

金魚鉢の水

大阪万博が開催された一九七〇年、私はフランス留学を終えて大学に戻ってきたが、すぐにアルバイトが忙しくなって、結局その年はほとんど講義に出なかった。通訳が足りないからと誘われて、外国人旅行客を案内する仕事をはじめたからだ。

フランスやアメリカからやってくる団体旅行客は、まず東京に泊まり、東京からバスで鎌《かま》倉《くら》を経由して熱海《あたみ》へ行く。熱海の温泉旅館で「ゲイシャ・パーティー」を楽しみ、翌日は熱海から新幹線「こだま」に乗って京都へ。そして京都で観光を終えてから大阪へ入る……というのが、当時のもっとも一般的なコースだった。通訳案内の仕事は団体を空港で迎えてから万博会場に届けるまでで、万博を見たあとは旅行社の添乗員が帰りの空港まで運んでいく。

東京では、見物するところは決まっていた。まず最初が、インペリアル・パレス。つまり皇居である。二重橋（ダブルブリッジ）の前で記念撮影をする。そのほかは、明治神宮と代々木《よよぎ》のオリンピックプール、というのが定番だった。

皇居と明治神宮は、天皇制とか神社とかいう日本の歴史や文化を説明するために必要だが、オリンピックプールというのはどうなんだろう。東京オリンピックは一九六四年だからすでに六年前の出来事なのに、その頃もまだ斬新《ざんしん》といわれたデザインが自慢だったのだろうか。

日程と予算に余裕があるグループは東京タワーや浅草《あさくさ》まで足を延ばすこともあったが、都内一日観光というのは上記の三ヵ所をまわるのがふつうだった。お年寄りが多い団体だと、三ヵ所目のオリンピックプールの頃にはもう相当疲れていて、階段をのぼるのが辛《つら》ければバスの中でお休みになっていてください、と言うと、半分以上のお客さんはバスを降りなかった。

団体旅行を成功させるということは
金魚鉢の水をこぼさずに運ぶことである

新米の通訳案内には、先輩の教育係がついた。数台のバスを連ねてツアーをする場合は二台目以降のバスを預かり、要所で教えを請いながら学んでいく。

私が教わったベテランの女性ガイドは、

「団体旅行を成功させるということは、金魚鉢の水をこぼさずに運ぶことなのよ」

というのが口癖だった。

もちろん、旅行を楽しんでもらうことは大事だけど、それよりも大切なのは、無事に旅行を終えることである、というのだ。金魚鉢から水がこぼれたり、中の金魚が飛び出したりしたら大変なことになるように、どんなに楽しい旅行でも、途中で病気になったり最後に怪我《けが》をしたりしたら、すべてが台無しになってしまう。とくにお年寄りの多い団体の場合はそうで、見学予定の場所だからといって無理に階段をのぼらせるより、ひとつくらい見なくても安全にバスの中にいるほうがよい……。

そう教わって、バスの中で休んでいてもいいですよ、と言うと、多くの人が素直に従い、あとで、あのとき休めて本当によかった、と礼を言われるのだった。

当時まだ二十四歳だった私は、つまらなそうなところだと思っても、どうしてバスを降りて見に行かないのだろう、と不思議に思ったものだ。しかし、いま、あのときのお客さんと同じくらいの年齢になってみると、たしかにプールくらいじゃ自分も降りないかもしれない、と思う。疲れていたら、よけいにそうだろう。皇居や明治神宮ではさすがに降りないわけにはいかないから、三ヵ所目にどうでもよさそうなオリンピックプールをもってきたのは、そんな深謀遠慮があったのかもしれない。

外国人観光客には、バスから見える風景を説明していると、あの街路樹はなんという樹木か、と聞いてくる人が多い。その頃の私は樹木や植物に関する知識が皆無だったので、例の先輩ガイドに対処法を聞くと、

「わからなければ適当に答えておけばいいのよ。学名ではアリナミングロンサンといいます、とか」

という返事。えっ？　アリナミングロンサン……。

「聞いて、すぐ答えが返ってくれば、それでお客さんは満足するの。知らないとか、わからないとか言うと、この人はなにも知らない、とバカにされて、他のことまで信用されなくなるのよ。間違っていても、すぐ忘れるから平気」

と言って彼女は平然としていた。百戦錬磨のベテランガイドの教えはたしかに正鵠《せいこく》を射ていたようにも思うのだが、いまなら手もとのスマホかなにかですぐに名前を調べられるから、もうこの手は使えないかもしれない。

ようこそ日本《ジャパン》

円安のおかげで、外国からの旅行客が増えている。

私のワイナリーにも、韓国や台湾から、わざわざ予約して食事に見えるお客さんが増えた。韓国と台湾で私の著書が翻訳されていることもあるのだが、欧米からのお客さんも含めて最近の観光客は事前にあれこれ情報を仕入れているようで、日本語もそこそこわかる人が多い。

この冬から春にかけて仕事で長野市まで出かける機会が多かったが、上田駅から新幹線に乗って長野駅に着くたび、駅前のコーヒー店がいつも外国人で溢れているのに驚いた。その大半が、オーストラリアから信州のスキー場をめざしてやってきた旅行客だ。あとは、スキーはやらないけれども、「スノーモンキー」を見に来た、というアメリカ人などの観光客。温泉に入るサルの姿が珍しいといって、わざわざそれだけを見にやってくる外国人も少なくない。

夏のオーストラリアから冬の信州にスキー客が来るようになったのはかなり以前からのことだが、スノーモンキーのほうはもう少し新しい。いずれも、実際に来た観光客がブログやツイッターで体験した出来事を発信することで、情報の輪が世界に広がっていった影響が大きいのだと思う。もちろん行政や観光業者の努力もあるが、積極的な宣伝が功を奏したというより、意外な人気に驚いて後追いをしている風が、とくにスノーモンキーの場合などは見て取れる。

土地の人や生活と触れ合う旅のために

小さな町や村にも観光案内所があるといい

昔、私がヒッチハイクでヨーロッパを貧乏旅行していたとき、片田舎の小さな安宿なのに、なぜかそこだけ外国人旅行者でいつも混んでいる宿があった。あるいは、いくつか並んでいる安食堂のうち、一軒だけが外国人で満員になっている。

あとでわかったのだが、その宿とその食堂は、英語で書かれた貧乏旅行者用の旅行ガイドブックに「読者の推薦するアドレス」として載っていたのだ。

人は、情報のあるところにしか集まらない。隣の食堂のほうが実際には安くておいしくても、情報から洩《も》れていたら誰も行く人がいないのだ。が、ガイドブックの場合は情報量が限られるけれども、ブログやツイッターやフェイスブックだと、ひとりひとりの旅行客がいつでもどこからでも情報を発信することができるから、その結果、意外なところが観光スポットとして人気を呼ぶこともあるわけだ。

外国からの観光客は、個人や小グループで旅をすることも多い。だから少しは日本語がわかる人が多いのだが、もしわからなくても、最近はスマホやタブレットに翻訳アプリが仕込めるので、指先で文字をなぞれば音声が出るなど、簡単な操作で意思の疎通が可能になった。これは観光客を受け入れる側も同じことで、もう、言葉がしゃべれなくても臆《おく》する必要はない。堂々と翻訳機械を差し出せば、あとは愛嬌《あいきょう》と度胸でなんとかなる。

そんなふうに、とくに観光地でもない場所をめぐり歩いて、その土地の人や生活と触れ合うことをよろこぶ旅が、これからはもっと増えてくるだろう。

しかし、日本では、観光地でもないふつうの町や村に外国人が観光に来る、などということは端《はな》から想像もしていないから、外国語で書いた看板もないし、ガイドマップも用意していない。観光マップをつくっている市町村でも、わざわざ役所の観光課まで行かなければもらえないところがほとんどだ。外国人であれ日本人であれ、観光客がわざわざ市役所や町役場まで行くだろうか。

私がフランスで優れていると思うのは、どんな小さな町でも、中心の広場に行けばかならずインフォメーション・センターがあることだ。ときには田舎の村にも地元で運営している小さな観光案内所があって、案内パンフレットをくれたり、宿の紹介をしてくれたりする。

行政が支援しているのだと思うが、窓口にいるのはたいがい地元のお年寄りで、きっとボランティアで働いているのだろう。どうせヒマを持て余しているなら、家にいるのも案内所の窓口にいるのも同じことだ。案内所にいたって、客が来ないときはお茶を飲んだり編み物をしたり、家にいるのと同じことをしているのだから。

私は、日本にもこういう案内所ができたらいいのに、と思う。別に、外国人が来なくたっていい。日本人の旅行者が訪ねてきたり、いや、旅行者が訪ねてこなくても、近所の人たちがふらっと立ち寄って、茶飲み話をしていけばよいのである。

私たちは、自分たちが住んでいる土地のことを案外知らないものだ。案内所をつくることは、見慣れた地域をあらためて見直すよい機会になるだろうし、旅行者以前に、地元の住人どうしが自然に触れ合うことのできる、格好の場所になるかもしれない。

能登半島を歩いて考えたこと

二〇一四年の夏は、二度、能登《のと》半島に旅をした。秋に放映予定のテレビ番組のロケで行ったのだが、時間に余裕があったので、能登の情緒をゆっくり味わうことができた。

私は、都会から観光のためにわざわざ出かけてくるような場所で日常を暮らしているので、田舎の山や緑を見てもそれほど感動することはないが、それでも気候風土の違う土地を訪ねるのは、いろいろな違いが発見できて面白いものだ。

とくに能登は、なんといっても切り立った崖《がけ》が海になだれ込む風景が圧巻だ。昔は港伝いに船で行くしか近隣の村との交通手段がなかったという急峻《きゅうしゅん》な崖の上を、いまは道路が通っているが、冬になれば海から吹きつける風と雪で、クルマを走らせるだけでも難儀なようすは容易に想像することができる。

道路には海からの強風を防ぐフェンスが設置されているが、半島の北端に近い地域では、集落の全体に海からの風雪を防ぐ背の高い垣根が張りめぐらされている。

これを「間垣《まがき》」といい、苦竹《にがたけ》という細く長い竹を山から大量に伐《き》ってきて、縦横に組んだ柱のあいだに隙間《すきま》なく挿し込んでつくるのだそうだ。高さは五メートルにもなるから、小さな入口だけを残して、道に面する建物が全部、まるで要塞《ようさい》のように竹で編んだカーテンにすっぽり覆われる。冬の雪と風だけでなく、夏には灼熱《しゃくねつ》の太陽を遮る効果もあり、間垣に覆われた家では涼しく過ごせるという。

いくつもの防波堤に囲まれた小さな漁港では、入江の浜に苦竹を並べて、間垣の修復作業がおこなわれていた。

強い潮風に晒《さら》されて、間垣の竹は三年もすると割れて使えなくなる。だから、ふつうは傷んだ部分だけ新しい竹を挿し込んで順繰りに修復していくのだが、そこでは竹を支える支柱ごと、大きなブロック単位で新しいのをつくっていた。聞けば、秋から撮影がはじまるテレビドラマのためだという。

テレビで取り上げられない限り
観光客はやってこない

NHKの朝の連続テレビ小説で、能登半島をおもな舞台とする女性パティシエの物語が放映される。そのために、地元の市町村は全面協力して、夏におこなわれる大規模な「キリコ祭り」をもう一度テレビのために再現したり、いまは維持する家が少なくなった昔ながらの間垣を復活させ、景観をととのえたりしているのだ。

「かつて、能登ブーム、といわれた時期がありましたが……」

と、案内をしてくれた地元の役所の方が話してくれた。

「あれ以来、観光客の数は落ち込み続けているので、これを起爆剤に再び……という期待はたしかにありますね」

かつての「能登ブーム」は、一九六〇年代、松本清張《まつもとせいちょう》の『ゼロの焦点』が映画化されて話題を呼んだのがきっかけだったという。

「その後は、石川《いしかわ》さゆりさんの歌で、人が来たこともありました」

一九七七年の『能登半島』。いわゆるご当地ソングだが、大ヒットした『津軽《つがる》海峡・冬景色』の直後だったので、能登にも多くの人を呼び寄せたらしい。

そういえば、私の地元である長野県の上田市でも、二〇一六年のNHKの大河ドラマが戦国時代の武将、真田幸村《さなだゆきむら》をテーマにした『真田丸』に決まった、といって期待が高まっている。真田家ゆかりの地である上田市では、数年前から誘致の運動を続けてきたので、その努力が実ったかたちである。

しかし、それにしても、昔なら映画か流行歌、いまならテレビしか、観光地に人を呼ぶ力はないのだろうか。

以前、寒天で有名な長野県茅野《ちの》市を訪ねたとき、二月十六日が「寒天の日」だというので、どんな理由で決めたのかと聞くと、NHKの『ためしてガッテン』という番組で寒天が取り上げられ、全国のスーパーの棚から寒天製品がいっせいに姿を消した、あの寒天史上初の大ブレークの日を記念した、ということだった。

……まあ、それが悪いとは言わないが、どこか淋《さび》しい感じがしないだろうか。

テレビで取り上げられない限り観光客はやってこない、というのは、残念ながら抵抗しがたい事実ではあるようだ。が、ブームが去って話題にのぼらなくなれば観光地はまたもとの寂れた姿に戻る……ということを繰り返していたのでは、いつまで経っても健全な観光産業は育たない。

Ⅳ　暑い国と寒い国

吹けば飛ぶよな旅の財布

私がはじめて海外に旅行したのは一九六八年。もう半世紀近くも前のことである。当時は日本から海外に持ち出すことのできる外貨が制限されていて、あの頃はたしか五百ドルだったと思う。旅券は紺色をした一次旅券が一般的で、一ドルは三百六十円の固定相場制だった。私の場合は留学生だったので、一日十ドルまで送金してよいという枠があった。奨学金の支給は月五万八千円。年間枠の五割強もらっていた計算になる。

留学していた頃の、金銭出納帳がいまでも残っている。桝目《ますめ》のついた大判のノートに自分で細かい数字を書き入れたもので、一フランまで克明に記されたそのようすからは、爪に火を灯《とも》すような倹約のありさまが伝わってくる。

留学中は旅行に明け暮れたが、ガイドブックは『1日5ドルの旅』(アーサー・フロマー著)というシリーズである。貧乏旅行者なら誰もがこの本を読んで安宿を探し、安い交通機関を選び、安い観光の方法を覚えたものだった。五ドルといえば千八百円だが、私はさらに切り詰めて、一日三ドル(千八十円)でヨーロッパ各国を旅行した。当時の旅に北欧が含まれていないのは、物価が高くてこの予算では無理なことがわかっていたからだ。

『1日5ドルの旅』シリーズは、その後の物価の上昇にしたがって『1日10ドルの旅』とタイトルを変え、そのうちに日本でも『地球の歩き方』という類書が登場することになるが、世界の若者に与えた影響という点では特筆すべきガイドブックだった。

貧乏旅行者のフトコロを
為替の変動が直撃する

一九六九年の夏、私はスペインからモロッコへ渡ろうとしていた。

パリ郊外の学生寮を七月十六日に出た私は、南フランスとイベリア半島をひとめぐりして、八月十一日、スペインのアルヘシラスから船に乗った。

ジブラルタル海峡を渡ってモロッコに着いたら、タンジェからアルジェリアへ北アフリカの地中海沿岸をヒッチハイクで横断して、チュニジアからまた船に乗ってギリシャに渡り、最後はイタリアをまわってパリに戻る計画だった。

長旅の費用は、パリで通訳やガイドをやって貯めたなけなしの財産で、巾着袋《きんちゃくぶくろ》に入れて腹巻の奥に、パスポートとともに仕舞い込んである。一日三ドルなら、なんとかパリにまでたどりつけるだろう。

船には、スペインで出会った貧乏旅行者たちが何人も乗っていた。ヒッチハイクのときに路傍で会った奴もいるし、安宿でいっしょになった奴もいる。そういう連中とは旅先のあちこちで出会い、たがいに情報を交換するのが常だった。

そのうちのひとりが、こんなことを言い出した。

「そういえば、昨日だか一昨日《おととい》だか、いよいよフランが切り下げになったらしいよ。たしか、十一パーセントとか言ってた」

私には、旅から帰った後の生活費用として、四千六百フランの貯金があった。奨学金は一年しか出ないので、二年目のこの年は、半年間はアルバイトで稼いだ資金で旅をして、翌春に帰国するまでの半年間は貯金を食い潰《つぶ》しながら暮らそうと考えていたのだ。

一フラン七十三円から、十一パーセントの切り下げ。一ヵ月分の生活費が吹っ飛ぶ計算になる。私はその言葉を聞いた途端、愕然《がくぜん》としてキャビンの床にへたり込んだ。

あのときのショックは、いまでも鮮明に記憶している。私はそれからノロノロと起き出し、デッキから波立つ海を眺めながら、旅の行方や生活の不安だけでなく、私たちの手の届かないところで決められる通貨の価値が私たちの暮らしを直撃する、その理不尽さに対するやり場のない怒りと無力感に、いつまでも打ちひしがれていた。

一ドル三百六十円とか一フラン七十三円とか言うと、いまではウソのように聞こえるだろう。フランは消えてユーロとなり、ドルの価値は三分の一にまで下落した。

思い出してみれば、ドルは八十円にまで下がったことがある。円高にしろ円安にしろ、為替の変動は海外旅行者にとっても切実な問題だ。

私はアメリカよりヨーロッパに旅行するほうが多いのでユーロの動向が気にかかる。ユーロは百十円前後からスタートして、一時は百六十円を超えたこともあった。百六十円だと、なにを買っても飛ぶようにおカネがなくなる。

円安で日本が海外からの観光客で潤うのは望ましいが、私たちが海外に行きにくくなるのは残念だ。

世界経済の動きを見ながら、しばらくはおとなしくしていようか。

私が添乗員だった頃

学生の頃、私はアルバイトで添乗員をやっていた。

それはいまから四十年以上も前のことで、最初の添乗はアメリカ人の団体を大阪万博まで連れて行く仕事だった。私がフランス留学から帰ってきた一九七〇年が大阪万博の年で、英語やフランス語が使えるアルバイトが重宝されたのである。

万博が終わると、海外旅行ブームがはじまった。こんどは海外旅行の添乗員が足りなくなり、旅行会社は社員だけでは間に合わないのでアルバイト（契約コンダクター）を募集した。私はまだ学生の身分だったが、授業に出るよりも面白そうだったし、なによりもまた海外に行けるのがうれしくて、応募して首尾よく合格した。

添乗員（ツアーコンダクター）というのは本来は旅行会社を代表してツアーに同行する役目で、観光案内は別の案内人（ツアーガイド）にまかせるのがふつうだが、外国人相手の国内ツアーのときは通訳を兼ねたバスガイドの役割をつとめるし、日本人を海外に連れて行くツアーでも、それぞれの観光地では日本語のガイドにまかせるとしても、途中の行程ではバスの前方に立って現地のガイドをすることになる。

国内の外国人ツアーのときは、日本の歴史や文化やその他もろもろについて説明しなければならないので、一夜漬けでアンチョコを見て勉強した。本当は通訳案内業の資格を持たないとできない仕事で、アンチョコというのはそのための教則本である。私はいちおう資格試験を受けようとしたのだが、試験日に添乗のスケジュールが入ってしまったので受験せず、結局は無資格のままモグリで働いた。まだ、日本の旅行業界が、急成長の中で混乱していた時代だった。

昼食に一本のワインを飲むドライバーに
添乗ガイドの心得を教わった

海外ツアーのほうは、フランス留学から帰って間もない頃だったので、よく知っている外国のことを日本語でガイドできるのがうれしくて、バスが移動中、私はマイクを握って放さなかった。

印象に残っているのは、フランス全土を二十八日間かけて一周する旅行だった。これは美食がテーマになっている贅沢《ぜいたく》なツアーで、昼は途中の町で有名なレストランに立ち寄ってランチを二時間、夜は田舎《いなか》のホテルで郷土料理のフルコースを三時間、という、一日中おなかの休まるときのないグルメ強行軍だった。当然、お客さんたちは日を追って腹が苦しくなり、完食ができなくなる。すると、もったいないからこれ食べて、といって、余分な皿が私のところに集まってくるのだ。毎日、一回の食事に二、三人分の料理を食べ、それでも二十八日間まったく平気だったのだから、いま思うと若いときの食欲はおそろしい。

バスの運転手は、小山のように太った男で、その風貌《ふうぼう》から「フォック（あざらし）」という仇名《あだな》をみんなでつけた。温厚で、運転技術もすぐれたよいドライバーだったが、この人が、毎日、昼食のレストランでワインをかならず一本は飲む。

フォック氏は、お客さんたちから少し離れた位置に席を取り、私をそこに呼んで前に座らせた。添乗員やドライバーはツアー客といっしょの席に着いてはいけないということを、身をもって教えるためだった。

もちろん、私もワインを勧められた。食事のときにワインを飲むのはフランス人にとっては当然の行為で、その頃は飲酒運転の規制もいまほどうるさくなかったから、彼はかならず一本飲み、私の分は別に一本かハーフボトルを注文した。そして飲みながら、旅行業の知識やフランスの習慣などをいろいろ教えてくれたのである。

しかし、昼からそんなにワインを飲めば、午後になってバスを出す頃にはかならず眠くなる。で、出発後しばらくして私が助手席で居眠りをはじめると、フォック氏は太い腕で私を小突き、「ガイドは眠っちゃいけない！」と客に聞こえない小さな声で叱《しか》るのだ。彼のほうは、どんなに飲んでも絶対に居眠りはしなかった。

あの頃と較《くら》べると、フランス人がワインを飲む量は半分以下に減った。酒酔い運転に対する取り締まりも、格段に強化された。当時のフランスでは、検問があって調べられ、血中アルコール濃度が基準値以上に高いことがわかっても、そこまで無事に走ってきたのなら罪には問われず、基準値以下に下がるまでそこで停車していろ、と言われたものだが、いまでは基準値を超えれば即厳罰だ。それでもグラス二杯までのワインならギリギリ基準値を超えない、といってランチにワインを飲む人も多いフランスだが、もう、さすがにツアーバスの運転手にそんな豪傑はいないだろう。

私は添乗ガイドの仕事は一年でやめ、その後は通訳や翻訳の仕事に専念したが、あのときにフォックス氏から教わった添乗員の心得はいまも覚えている。

スーツケースと段ボール箱

書斎を片付けていたら、引き出しの奥からなつかしい道具が出てきた。数取り器というのか、片手に持って親指でカチャッ、カチャッとボタンを押すと、表示窓に次々と数字があらわれて合計の数を示す、荷物や品物を数える道具である。もうひとつは、両端に持ち手とフックのついた、携帯用のはかり。これで旅行鞄《かばん》の重さを量った。

両方とも、四十年ほど前、私がツアーコンダクターをしていたときの常備品だ。

海外旅行では、空港に到着するたび、荷物の数を確認してからお客さんに渡す。ホテルに着けばバスから下ろした荷物を数え、翌日の朝の出発のときは、ホテルのベルボーイが集めた荷物をまた数える。カチャッ、カチャッ、は必需品なのだ。

エコノミークラスの飛行機に持ち込める荷物の重量は、二十キロ。旅の終わりが近づくと、みんな荷物の重量が気になりはじめる。そこで、小さなはかりを持ち出して、スーツケースに巻いたベルトにフックをひっかけて量ってあげるのだ。二十キロで目盛りが振り切れるからそれ以上はわからないが、だいたいの目安にはなる。

二十年も経《た》つといろいろなものが変わり、なにもかもが新しくなるが、数取り器（カウンター）も携帯用はかり（ハンディースケール）も、表示はデジタルが主流になったものの、原理は変わらない。レーザー光線を当てただけで荷物の数が表示されるカウンターとか、スーツケース自身が自重を含めた総重量を鍵《かぎ》の脇にあるディスプレイに表示するとか、せめてそのくらい現代的なバージョンが出てきてもよいはずだが。

旅の道具はあまり進化しないので
最近は段ボール箱を愛用している

荷物の重量オーバーというのは悩ましいものである。目の玉が飛び出すような超過料金を取られることがあり、計量をパスするまでは落ち着かない。

若い頃は、チェックイン・カウンターの台に荷物を載せるとき、係員にわからないようにスーツケースの端を外側に浮かしてみたり、靴の先で持ち上げてみたり、姑息《こそく》な手段も試みたものだが、次の瞬間にベルトコンベアが動かされて工作はすぐにバレた。

最近は海外旅行の回数も減り、これから何回旅行するかもわからないので、新しいスーツケースを買うのはやめた。超軽量で、そのうえ中身の重さを吸収して軽くしてくれるような新製品でも出れば話は別だが、最近の製品も重量の面ではあまり以前と変わらない。

私は、比較的小型の、古いスーツケースをここ二十年ほど使い続けている。そのうちパリにでも行ったときに新しいものに買い換えようか、と思うのだが、新しいのを買ったら古いのを捨てなければならない。はたしてパリのホテルがそれを粗大ゴミとして受け取ってくれるか、まさか街路のゴミ置場に投げ出してくるわけにもいかないし……と考えて、いつもあきらめてしまう。それに、薄汚くはなったがどこも壊れていない長年の連れ合いは、そう簡単に手放せるものではない。

そのかわり、愛用しているのは段ボール箱である。

海外旅行に行けば、やっぱり買物をするから帰りの荷物が増える。しかし、そのために最初から大型の鞄を持っていくのは無駄なことだし、かといって小型の鞄をもう一個買うのもどうかと思い、それなら溢《あふ》れた荷物を段ボール箱に入れてチェックイン荷物に加えよう、と考えたのが愛用の発端だった。

以来十余年、帰りはいつも段ボールと道連れだ。このほうが、総重量も軽くなる。

旅が終わりに近づく頃、ホテルの近くのスーパーへ行って、使用済みの段ボール箱を一個もらってくる。古い段ボール箱を抱えてホテルのロビーを入るのは（とくにちょっとよいホテルの場合）照れくさいものだが、有料でよければホテルのコンシェルジュに頼んで調達してもらう手もある。ガムテープは近くの文房具店で買ってもよいが、日本の製品のほうが質がよいので持参する。もちろん日本を発《た》つときから宅配便用の新しい段ボールを持っていくという手もあるのだが、旅先でそのときの必要に応じた大きさの段ボールを探すのも、また旅の楽しみのひとつと考えている。

スーツケースに入らないものを集めて、段ボール箱に詰める。「こわれもの（FRAGILE）」とか「天地無用（矢印とUP/DOWNで記せばよい）」の注意書きをすればスーツケースよりも正しく運んでもらえる可能性が高いので、そういうものはむしろ段ボールのほうがよい。それに、スーツケースは空港によっては中身を抜き取られる被害に遭うことがあるが、段ボール箱を開けようとする泥棒はいないから安全だ。

私は、いつか、往《い》きも帰りも段ボール箱だけの旅をしたいと夢見ている。

格安運賃貧乏海外旅行

三十代の頃は、毎年冬になるとパリに出かけていた。

パリは学生のときに過ごした街で、友だちもいるし、知っている店も多く、毎年一回は本や情報を仕入れに行くのが楽しみだった。

それはパリやフランスに関する原稿を書くために必要な取材旅行でもあったのだが、フリーランスの場合は誰も経費を負担してくれないから、ギリギリに切り詰めての貧乏旅行である点では、学生のときの放浪旅行とそう大差はなかった。

海外旅行でもっとも費用がかかるのは航空運賃である。だから、格安料金の航空会社を選んで、ヨーロッパがシーズンオフの真冬に出かけるのだ。

ヨーロッパと日本を結ぶ航空路は、時間のかかる南回り路線以外には、昔はアラスカのアンカレッジ経由しかなかった。その後、ロシア（当時はソ連）の上空を飛ぶモスクワ経由便が就航し、そのうちに直行便が飛ぶようになった。

アンカレッジの空港は懐かしい。乗り継ぎのラウンジには、立ち上がった格好の大きな白《しろ》熊《くま》（少し黄ばんでいたが）の剝製《はくせい》があった。アンカレッジ、というとこの白熊を思い出す人も多いようで、先日も同年輩の友人と昔話をしていたらアンカレッジ空港の話になり、そうそう、あの白熊、と言って盛り上がった。

立ち食いそば屋も名物だった。一杯三ドル七十五セントもしたのに(一ドルが三百六十円の時代にはなんと千三百五十円だった!)、日本人客は行列をして食べたものだ。もうあと一飛びすれば日本に着くという帰りの便でも、少しでも早く日本の味を求めようと、大枚を払うのに躊躇《ちゅうちょ》しなかった。あの頃、ヨーロッパで和食が食べられるのは高価で数少ない日本料理専門店だけで、いまのようにどこでもスシが食べられる時代ではなかったのだ。

昔懐かしい格安貧乏旅行だが
若い頃でなければできなかった

モスクワ空港も懐かしい。この空港では、アエロフロート航空によるモスクワ経由便が始まってからしばらくの間、乗り継ぎラウンジのドリンクバーでキャビアを売っていたことがある。小さな黒パンにキャビアをたっぷり載せたのが日本円で六百円。数に限りがあったので、私は空港に着くなり一目散にカウンターをめがけて走り、走った勢いが止まらず「キャビア……」と叫びながらカウンターの前で滑って転んだことがある。その後キャビアの値段が上がったせいか、三年もしないうちにこのお買い得キャビアは姿を消した。

アエロフロートは格安だったが、キャビンアテンダントは無愛想だった。それでもウオッカだけは注文すればすぐに持ってきてくれたし、エコノミークラスは空いていたので座席の背を倒して好きなだけスペースを確保することができた。

アエロフロートの次にみんなが利用した格安便は、大韓航空だった。大韓航空のモスクワ経由便が始まった最初の頃は、金浦《キンポ》空港での乗り継ぎ待ちが五時間もあった。しばらくしてその待ち時間にソウルの市内観光が組み込まれるようになったが、私が乗ったときは空港内で五時間潰さなければならなかった。

そのときは、ようやくその五時間が過ぎようとする頃から、当時韓国で大人気のプロボクサー柳済斗《ユージェド》選手の試合が始まり、空港の関係者たちが小さなテレビを持ち出して観戦しはじめた（大画面のテレビはまだなかったのだと思う）。

待ち合いの乗客もやることがないのでそのテレビを覗《のぞ》き込んでいたが、出発時刻が来ても搭乗のアナウンスがない。呼び出しがあったのは定刻を三十分以上も過ぎてからで、ちょうど柳選手が日本人挑戦者をノックアウトした数分後のことだった……。

いま思い出すと、昔はのんびりしていたものだった。

そういえば、三十代の（ということは三十年あまり前の）パリ旅行では、行く前にホテルを予約したことさえなかった。明るいうちに空港に着きさえすれば、バスでパリ市内へ行き、学生の頃から慣れ親しんだオデオン界隈《かいわい》を歩いて、よく知ったいくつかの安宿を訪ね歩くと、たいがいどこかに部屋は見つかったものだった。

一度、大学で同級だった友人とたまたまパリの空港に着いたときいっしょになり、私がこれから宿を探すのだと言ったら、びっくり仰天されたことがあった。彼は会社の出張でパリに来たのだが、ビジネスマンには事前にホテルを予約しないことなど考えられもしなかったのだろう。私だけが、三十代まで放浪学生の気分でいたのだった。

もちろん、いまではパリに着いてからホテルを探すなど、やりたくないし、できもしない。格安運賃の航空会社を探すのと、安いシーズンオフを狙うのは同じだが、旅に安全と安心を求めるようになったのは、やっぱり歳のせいだろう。

夫婦でクルーズ

クルーズの船に乗ったことがある。それも、世界一周の豪華客船だ。

といっても、一ヵ月も二ヵ月も優雅なプライベートの旅を楽しんだわけではなく、洋上講師として十日間ほど途中乗船する仕事の旅だが、それでも何回か乗っているうちに船旅の魅力がわかってきた。

最初は、朝から晩まで同じ船室で暮らすなんて、いくら大きな船でも退屈するだろうと思って、乗船の誘いを断っていた。もっと歳を取ってふつうの旅をするのが辛《つら》くなれば別だが、からだが動くうちは自分であちこち移動できる旅のほうが面白い。外国へ旅をするなら、ホテルに着いたらすぐに外へ出て、うろうろと街を歩けなくてはつまらない……と思っていたのである。

たしかに、船の中にはいろいろな仕掛けがあり、長旅の船客を飽きさせない工夫が凝らされている。レストランのメニューも変化に富んでいるし、フルコースのダイニングから寿司、そば、カレーまで、好きなように食べることができる。バーはもちろんダンスホールも映画館もシアターもあり、毎日のようにステージのショーを楽しむこともできる。そのほかカルチャースクールやスポーツクラブのようなプログラムも組まれているから、その気になればいくらでも時間を潰すことができるだろう。

が、そうはいっても、すべては船の中である。

船はだいたい数日おきにあちこちに寄港するので、そのときは下船して街や名所の観光をすることができるが、ときには一週間以上も寄港せずに航海が続くこともあり、とにかく航海中はどうやっても船から外へは出られないのだ。

船内の施設も一通り利用して、エンターテイメントのプログラムにも馴《な》れてくると、あとは毎日同じ部屋で暮らす船の上の日常が待っている。しかも船室である以上、値段の高い部屋だってそれほど広いわけではない。ベッドの上に寝そべりながら、ひたすら窓の外の海を眺めるだけの時間。私はひとりだからそれも悪くないと思うが、もし、日頃たがいに顔を突き合わせて暮らしたことのない夫婦が、ふたりだけで長い船旅をすることになったとしたら……。

ケンカをしても家出はできない
船の上でしかたなく深まる夫婦の絆

外国人ならいざ知らず、日本人の中高年の夫婦の多くは、朝から晩まで同じ部屋でいっしょに暮らす経験を、ほとんどしていない。夫が定年を迎えるまでは円満な夫婦だったのに、会社を辞めて一日中家にいるようになると離婚話が持ち上がる、というくらいで、もちろんクルーズの旅をしようと考えるような夫婦は仲がよいにしても、朝から晩まで狭い部屋でいっしょに過ごすとなれば話は違ってくる。

「覚悟はしていたんですけどねえ」

私が船内のサウナに入ると、浮かない顔をした先客がいるので挨拶《あいさつ》をしたら、問わず語りにこんな愚痴を聞かされた。

「もう毎日ケンカしてますよ。私は読書室で、女房はダンススクールとか、できるだけ船室で顔を合わせないようにしているんですけどね。もうそろそろ限界かなあ」

明くる日から、注意をして見ていると、その人は朝のうちはラウンジで古い新聞を何度も繰り返して読み、午後は読書室の片隅でひたすら本に向かっていた。

が、それから一週間くらいして、デッキのカフェでその人を見かけたので声をかけると、意外にもすっかり明るい顔つきになっていた。

「これが陸の上なら」

と、コーヒーを飲みながら彼は言った。

「プィと家を出て帰ってこないところだけど、海の上じゃあそうもいかない。でも、毎日海と波を眺めていると、だんだん心が落ち着いてきてね。どうやったって逃げられないと思うと、腹が据わってくるんですかね」

そこへ、待ち合わせていたのか、奥さんがやってきて、ふたりで仲良く食事に出かけていった。奥さんのほうも、しあわせそうなようすである。

私は興味を引かれて何組かの夫婦に話を聞いたが、どの夫婦も最初はかならず険悪になるが、何日かすると当初の葛藤《かっとう》を乗り越え、与えられた境遇を受け入れるようになっていくという。たとえ、船からは外へ出られない、という物理的なあきらめが理由であったとしても、そうやって夫婦の絆《きずな》が深まるのは船旅の功徳《くどく》である。

世界一周のクルーズは、三ヵ月あまりも続く。

「これがもし半年も続いたら、またケンカが再発して別れる夫婦が多いでしょうね」

というのも、多くの夫婦に共通する感想であった。

部屋にいながら世界一周

いくら豪華な客船といっても、毎日同じ空間で長い期間を過ごすのは苦痛ではないのだろうか。船に乗る前は、私もそう思っていた。

どんなに素敵な高級ホテルだって、三ヵ月も外に出てはいけないと言われたら、招待されても断るだろう。

しかし、船の旅は違うのだ。

たしかに、航路によっては一週間以上もノンストップで走り続けることもあるが、たいがいの場合は数日に一度、途中の港に寄港する。朝に寄港して夜のうちに出発するケースもあるし、一晩そこに停泊することもある。

そういう日は船を下りて外の街で一日遊び、夜になったら船に戻る。もちろん船が停泊するなら街のホテルに泊まってもよいのだが、そんなことをする人はいない。クルーズの代金には食費から部屋代まですべて含まれているし、だいいち、何日間かを船の上で過ごすうちに、慣れ親しんだ自分の船室がいちばんくつろげる空間と感じられるようになっているのだ。

船室は、狭いながらも楽しいわが家、である。面白いもので、毎日の生活用品を身のまわりに置いて数日間も暮らすと、ふつうのホテルに泊まるときと違って、旅というよりは日常生活の感覚がどこかに芽生えてくる。

私が最初に長期の海外クルーズを経験したとき、寄港して街に出かけていく乗客が、

「お昼ご飯は家で食べよか」

と言っているのを聞いてびっくりしたことがある。勝手の違う外国のレストランで緊張しながら食事をするより、日本語の通じる船の食堂でランチを食べてからまた出かけよう、と相談しているのだった。そしてしばらくすると私も、ごく自然に、船に帰ることは家に帰るのと同じだ、という感覚を共有するようになっていった。

世界遺産が向こうからやってくる
海外クルーズは究極の贅沢旅行

そう考えると、自分の部屋にいながらにして世界一周ができる、というのは凄《すご》いことではないか。

船室が自分の部屋で、下船するブリッジが家の玄関……だとしたら、玄関を出るたびにそこに違う国の違う町があるのだから。カイロで下りてピラミッドを見物したと思ったら、こんどはローマで円形劇場。その次はアテネでパルテノン神殿だ。玄関の前に、向こうから世

界遺産がやってくる……。

移動に関しては、自分でやることはなにもない。自分の家でいつものように暮らしているうちに、どこへでも連れて行ってくれるのだ。

移動に面倒がない、いちいちホテルを替わる必要もない、ということから、クルーズはリッチなお年寄りのためのもの、と考えられがちで、実際そういう面もあることはたしかだが、旅の形態のひとつと考えると、ある意味では日常がそのまま旅になるという、きわめて興味深い特徴を備えている。

クルーズによる旅行は海外では昔からさかんで、地中海周辺各国の港にはつねに何隻もの巨大な豪華客船が停泊している。どれも数百以上の客室を持つ高層ビルのようなつくりで、スタッフを合わせると千人も二千人もの人がそこで生活をともにするのだから、船そのものがひとつの町のようなものである。

ただし、外国船の場合はほとんどが短期のクルーズ客だそうで、たとえ世界一周の航路であっても、途中の港まで飛行機で行ってそこから船に乗り込み、一週間か二週間を船で過ごしてまた途中の港から飛行機で帰る、というケースが多いらしい。日本人がツアーで海外クルーズに参加する場合も、これに似たパターンになるだろう。

私が乗ったのは「飛鳥《あすか》Ⅱ」の世界一周クルーズである。これは約百日間ほとんどの乗客が最初から最後まで乗船する世界でも珍しい長期クルーズで、乗客のほぼすべてが日本人であるのも、多くの国籍の人が交じって乗る外国の船とは違うという。集団生活にうまく適応する日本人の能力と、日本語(と船上の日本食)だけで外国を旅行できる気楽さと……長期の集団クルーズは日本人にぴったりなのかもしれない。

いうまでもなく日本のクルーズにも、高額な世界一周ばかりでなく、近隣の国への短い旅や、国内各地の港をめぐる旅がたくさんある。たとえ短期でも、「船の上の自分の部屋」で過ごす時間は、いま岸辺から離れて浮遊している、と思うだけで、ふだんは得られない解放感が味わえるものだ。

一日中海を眺めて、夜は波の音を聞きながら揺られて眠る。そのために、一晩だけ船に乗る人もいるという。

暑い国と寒い国

二〇一三年の夏もまた話題は暑さだった。

梅雨《つゆ》が明けるとすぐに熱中症のニュースがテレビや新聞を賑《にぎ》わし、お年寄りは夜眠るときもクーラーをつけるように、という注意が繰り返された。ひところ盛んだった節電のすすめはどうしたのか。どうやら日本の電力事情はあまり心配する必要はなさそうだが、たしかに私を含めて昭和に子供時代を過ごしたような人は、寝ているあいだクーラーをつけっぱなしにしておくのはもったいないとか、そもそもクーラーの人工的な風に当たるのは気持ち悪いとか、いろいろ理屈をつけて抵抗する。

私が住んでいるのは信州の里山のてっぺんなので、直射日光が強く昼間は気温が上がるが、朝晩は涼しいから過ごしやすい。日中は三十度を超える暑さになっても、朝起きる頃の気温は二十度以下。だいたい十八度前後のことが多く、朝六時に二十度を超えているような日はひと夏に数日あるかないかだ。

「この昼夜の温度差が、おいしいブドウをつくるんですよ」

私はそう説明するのだが、それを聞いていたお客さんが、

「うちだって朝晩の温度差は十度くらいありますよ」

と言う。埼玉県の行田《ぎょうだ》市という、毎年日本一の暑さを競う熊谷《くまがや》と群馬県・館林《たてばやし》の中間に

ある町に住む人である。

「朝から二十九度はあるけど、なにしろ昼間は三十九度ですから」

たしかに引き算をすれば十度だが……さすがに暑さ自慢の町に住む人は違う。

タイのセーター、ハワイの暖炉
日本の暑さにも「異国感」があれば

私はとくに世界の果てのようなところを好んで旅行するタイプではないので、酷暑や極寒を体験しているわけではない。いちばん暑かったのは貧乏旅行をしていた頃に経験した四月のインドで、日陰で四十二度を示す温度計を見たことがある。寒いほうは、二十五年ほど前に住んでいた軽井沢《かるいざわ》で、当時は真冬には毎日のようにマイナス二十度になった。この頃、二月にタイへ旅行に行き、連日三十数度の中で過ごしてから軽井沢の自宅に帰ったことがあった。わずか半日で五十度以上の温度差、というのが私の記録だろうか。

私は、日本に住んでいて暑いのは嫌だが、タイやインドへ行って暑さを味わうのは嫌いではない。とくに、タイなど東南アジアの国に出かけて、飛行機のタラップを降りるときの、あの足もとからムワッと立ち上ってくる湿った熱気。優しいアジアのぬくもりが肌をじんわりと包み込むあの瞬間、タイに来た、東南アジアに来たんだ……という「異国感」をいっぱいに感じて幸せになる。

しかし、同じ湿った熱気を私たちが日本にいるときに感じたら、とても幸せな気分にはならないだろう。それはタイの人も同じで、「異国感」のない熱気はただ鬱陶《うっとう》しいだけなのだ。タイへ旅行するときは、セーターを忘れないほうがよい。たとえそれが一年のうちでいちばん暑い時期でもだ。

乾期でもっとも暑い四月でも、タイではセーターを買う人がいる。セーターを買うのはセーターが必要だからで、クーラーをがんがん効かせた部屋でセーターを着て過ごすのが、裕福な暮らしをする人のステイタスなのだ。

タイでは、ビルに入ればどこも強烈に冷房が効いている。昔ながらの開放的なつくりの家で風を感じながら暮らすのはなんと素敵だろうと私たちは思うが、それは私たちが蚊帳《かや》を吊《つ》って過ごしていた頃の夜に「異国感」を感じるのと同じで、いまは失われた、あるいは失われようとしている、「近代化」以前の古い暮らしのかたちなのだ。

だから、貧乏旅行者が集まる木賃宿《きちんやど》ならともかく、ふつうのホテルに泊まるときはセーターか上着を持っていないと、寒くてたちまち風邪《かぜ》を引く。

そういえば、友人が借りているハワイの別荘に泊まったとき、居間の真ん中に大きな暖炉があるのに驚いた。飾りではない、本当に火が燃やせる暖炉である。

常夏の島といわれるハワイは、一年中温暖で、暖炉を焚《た》かなくては過ごせないような寒い季節はない。が、そこに立派な西洋風の家を建てて暮らそうという人は、自分たちは現地の人のような昔ながらの暮らしかたをしているのではない、もっと「近代的」な、西洋人のようなライフスタイルを持っているのだ、ということを示すために、必要もない暖炉をわざわざつくるのである。

私たちも、日本の夏の暑さに「異国感」を感じることができれば、もっと電気を節約することができるのだが。

スコールが来る国

梅雨が明けて、夏がやってきた。

といっても、二〇一四年の梅雨はちっとも梅雨らしくない梅雨だった。昔は梅雨といえば一日中シトシトと細かな雨が静かに降り続くイメージだったのに、最近の梅雨は南国の夏のようで、朝から晴れて暑くなり、入道雲がもくもくと発達したかと思うと、夕方になって突然激しい雷雨……というパターンが多い。こんな調子では、梅雨が明けてからも同じような天気が続くのではないだろうか。

突然の豪雨、というと、昔、軽井沢で経験した出来事を思い出す。

だいぶ前のことで、まだ日本ではスコールのような突然の激しい夕立が少なかった頃の話だが、私は軽井沢のある店の中庭で中華料理を食べていた。

夏の軽井沢はどの店も満員で、友人を連れてその店に行った私は、行列に並んでようやく中庭の真ん中にあるテーブルの席に着いた。で、ビールを飲みながら料理と焼きそばが来るのを待っていた。空は晴れ上がり、雨の降る気配など微塵《みじん》もなかった。

超満員だから、料理が運ばれてくるまでに時間がかかる。ビールをとっくに飲み終わったあと、さらにどのくらい待っただろうか。気がつくと、なんとなくあたりが暗くなっている。どうやら、黒い雲が中庭にいる私たちの頭上を覆いはじめたようである。と、次の瞬間、パラパラッと大粒の雨が降りはじめた。

それから、バケツをひっくり返したような激しい雨が襲ってくるまでは、わずか数秒もなかったのではないかと思う。なにしろ頭上を覆うものはなにもない中庭の席である。満員の客は自分の料理の皿を抱えると、我先に軒下をめがけて駆け出した。

私たちはビールだけだったから、まだよかった。押し合いへし合いしながら軒下にたどりつくまでに、ラーメンやタンメンは増水してどんぶりから溢れ、酢豚や八宝菜は具が流されてグズグズになり、せっかく持ち出してはみたものの、もうとても食べられる状態ではなかった……。

さすがに慣れている国は
どんなことがあっても慌てない

あのときの結末がどうなったか、きっと店に文句をつける人もいたはずだが、私たちはビールの代金だけ払ってそのまま帰ったので、あとのことは知らない。一瞬のうちに中庭は冠水して、二度と席に着けない状態になっていた。

そこへ行くと、スコールのある国では、やることが違う。

バンコクで、ビルの屋上にあるレストランに行った。高いビルの屋上が広大な野外レストランになっていて、昼間もそうだが、とくに日没から夜に至る時間の眺めはさぞ素晴らしいだろうと思われた。

私はタイ在住の友人に連れられて、そのレストランのバーに、一杯飲みに行ったのである。まるで天空のただ中にあるようなそのスタンディングバーに私たちが着いたのは、まだ夕食までは少し間のある時間だった。

レストランのほうでは、ディナーのためのセッティングがはじまっていた。テーブルの数は、いくつあるだろうか、ざっと数えただけで優に百席は超えている。そのひとつひとつに丁寧にクロスをかけ、カトラリー（ナイフとフォークなど）を置き、グラスを配してととのえていく。

しかし、空を見ると、灰色の雲が全面を覆っている。私はその日でバンコク滞在は三日目だったが、昨日も一昨日も夕方になるとかならずスコールに見舞われた。

客を入れてから雨が降り出したらどうするのだろう。心配しながら見ていたら、ほぼ全部の席をセッティングし終わった頃、ポツリポツリと雨が降り出した。

するとウェイターたちは、顔色ひとつ変えず、いったんセットしたテーブルを、なにごともなかったかのように片付けはじめたのだ。その手際は鮮やかで、ほぼ全席からクロスが剝《は》がされてもとの木の卓に戻るまで、十五分とはかからなかった。そして、案の定、激しいスコールがやってきてあたりを濡《ぬ》らしたあと、しばらくすると、ウェイターたちがまた出動して、テーブルを拭《ふ》き、クロスをかけ、カトラリーをセットし……と、さっきとおなじことを顔色ひとつ変えずやってのけるのだ。

私はそのようすにいたく感心した。あたりまえのようにスコールがある国では、すべてが織り込み済みなのだ……。

タイやベトナムでは、線路の上に屋台を出して商売をし、列車がやってくるとすぐに店をたたんで撤収する、そんな光景は決して珍しいことではない。日本でも、これから竜巻やスコールがあたりまえの熱帯のような気候になれば、私たちの手際ももう少しよくなるだろうか。

なんでもない風景

旅先で心惹《ひ》かれるのは、とりたてて変哲もない、どこにでもあるようなふつうの風景である。

これは私が天邪鬼《あまのじゃく》だからかもしれないが、国内でも、海外でも、あまり観光名所というところへは行かない。そうは言ってもギリシャへ行けばパルテノン神殿は見に行くし、エジプトではピラミッドとスフィンクスは見逃さない。日光《にっこう》なら、どうしたって陽明門《ようめいもん》は見上げるだろう。が、そういう特別の場合を除けば、どこそこに観光スポットがあるから見に行こう、とか、近くにガイドブックに出ている名所があるから寄ってみよう、と考えることはめったにない。

ただ、そこに町があれば町を歩いて、洋服屋があれば洋服屋を覗き、雑貨店があれば雑貨店を覗き、喫茶店があれば入ってお茶を飲んで、そのままぐるりとまわってホテルに戻る。わざわざ遠くの名所を見に行くより、ホテルの近所を歩くほうが、私にとっては魅力的だ。

知らない町を歩くときは、その町に住むつもりで歩く。

もし私が、きょうこの町に引っ越してきたのだとしたら……。

肉はこの肉屋さんで買い、パンはあそこのパン屋さんで、ふらりと散歩に出たときはあの書店で本を買ってこの喫茶店で読む……などと、自分の一日の行動にあてはめて、この町に住んだらどんな具合になるかをシミュレーションしてみるのである。

不思議なもので、町というものは、通り過ぎる旅びととして見るのと、住むつもりで見るのとでは、全然その印象が違ってくる。

私は東京に住んでいた頃は十年間で七回も引越しをしたが、引っ越した場所はたがいに歩いて十分もかからない、近所のことが多かった。それでも、同じ店の前を通り過ぎるにしても、町内の店と思うか、隣町の店と思うかで、その店に対する思い入れのようなものがあきらかに違ってくるのである。

引っ越してきたつもりで半径五百メートルを旅する

海外旅行の添乗員をやっていた若い頃、私は自分のお客さんに、ホテルに着いたら、まずホテルのまわりの、半径五百メートルの範囲を歩いてみてください、と勧めることにしていた。バスに乗って観光に出る前でも後でもいい、そのホテルが自分の家で、ホテルのまわりが自分の住む町だと思って、住人の目線で町を見てみましょう、と（いや、当時は「目線」

という言葉はありませんでしたね。「視線」が「目線」になったのは、いったいいつの頃からだろう?)。

たとえばヨーロッパの都市に旅をすれば、かならず教会のひとつやふたつは見てまわることになる。一週間もしたら、十も十五も見るかもしれない。しかし、日本に暮らしていて、毎日一回以上かならず神社やお寺にお参りをするというのは、よほど信心深い人でもなければありえない。

日頃お寺で仕事をしているお坊さんなら、異教の教会は興味深いものだろう。しかし、ふだん寺にも神社にも縁のない人は、教会を見てもあまり感じるものがない。

それよりも、サラリーマンならオフィス街を昼どきに訪ねて、みんなが入る食堂でいっしょにランチを食べてみる。言葉や食べるものは違っても、案外同じ職業の人というのは外国でも似ていて、サラリーマンならサラリーマンらしい表情や振る舞いがあるものだ。

洗濯屋さんなら、町で見つけた洗濯屋さんに入って、どんなハンガーを使っているか、どんな機械を持っているのかなど、中に入って見せてもらえばいい。言葉は通じなくても同じ商売なら、たがいに通じ合うものがあるはずだ。私も同じ商売なんですよ、とジェスチャーで示せば、きっと大歓迎してくれるに違いない。

日常の旅は、そんなふうにしてはじまるのだ。

旅は非日常であるとはいえ、非日常ばかりでは疲れてしまう。

自分が毎日やっているのと同じことを、よその町では、外国では、人はどんなふうにやっているのだろう。

そう思って見ると、同じこともあり、まったく違うこともあり、かえってはっきりと異同が目に見えて、わかることが多いものだ。

私は旅に出るときはいちおうカメラを持っていくが、記念写真は撮らないし、もちろん名所旧蹟《きゅうせき》を撮ることはない。デジカメのメモリーに残っている外国の写真といえば、落書きのある塀だとか、窓枠を伝う配水管だとか、石壁に取り付けられた電気のメーターだとか、どうでもいいようなスナップばかりである。

観光という物見遊山

観光は平時最大の産業である、といわれる。平時、つまり、戦争がないときには、という意味だ。

戦時、つまり戦争がおこなわれているときはもちろん軍需産業が最大の産業だが、戦争というものは、やっていないときでも誰かがいつも準備をしているので、軍需産業は平時でも儲《もう》けが減らない。

そこへいくと観光は、ちょっとでも諍《いさか》いの種があるところへは誰も出かけていかないから、世の中の情勢に大きく左右される。しかし、もしも世界がずっと平和なら、観光のために人びとが落とすお金は軍需産業をはるかに凌《しの》ぐだろう。

エジプトの騒動で三年間スエズ運河の通航を避けてきた「飛鳥Ⅱ《あすか》」も、二〇一五年の春からスエズ航路を復活させるという。これまでアフリカ大陸を大きく迂回《うかい》することを余儀なくされていた世界一周のクルーズ船も、再びアラビア海から地中海へ抜けることができる。

微笑《ほほえみ》の国タイも、政治的な対立がずいぶん長く続いている。

それでもメディアで伝えられるほど実際は深刻でなく、デモ隊に参加した市民には食事が振る舞われるので、最後にはデモだかお祭りだかわからなくなる、というのがタイの友人からの報告だったが、それでも観光へのマイナスの影響は大きいだろう。軍事政権の登場でいちおうは平穏を取り戻したようだが、まだ予断を許さないし、長く続く不毛な対立による国家経済の損失は計り知れない。と、タイのことを心配していたら、今度は香港《ホンコン》が同じ状態になっている……。

戦争はなくなることがあっても
観光は決してなくならない

観光は、言ってしまえば物見遊山である。だから、少しでもリスクのあるようなところへは誰も行きたくない。

戦争や紛争だけでなく、天変地異も観光に対する巨大なリスクにほかならない。御嶽山《おんたけさん》の噴火で驚いたら、こんどは北部に大地震のあった長野県も、二〇一四年は予測のできない自然現象に振り回されてたいへんな被害を受けた一年だった。そして、東日本大震災後の日本では地殻変動が活発化したのか、阿蘇山《あそさん》が噴火し、蔵王《ざおう》や吾妻山《あづまやま》の動きにも注目が集まるなど、自然災害も次々に警戒対象範囲が広がっている。

ひどい災害がいったん起こると、一般の観光客はその近辺から足が遠のく。ここまでは噴石は届きませんとか、当地は地震の被害はありませんでした、などといくら告知したところで、あまり効果はない。

ボランティアとして手伝いに行ったり、それなら、とわざわざ支援のために出かけようとする人はいるとしても、物見遊山の観光ならほかに行く場所はいっぱいあるのだから、トラブルがあったところは避けて他の目的地を選ぶことを、誰も批判することはできないだろう。

こういうのを世間では風評被害と呼ぶが、そもそも観光という商売じたいが風評に支えられているのだから、文句を言ってもはじまらない。

観光客が行き先を決めるとき、参考にするのは、テレビや雑誌、あるいはインターネットから得た情報であったり、友人や知人に聞いた評判であったりするわけだが、どこがいい、あそこが素敵……という情報や評判は、そもそもすべてが「風評」に過ぎない。そういう頼りないものを基準にして、人は自分の行動を決定するのだ。

インターネットが普及しはじめたとき、私は、こんなふうにして真偽の定かでない情報ばかりが溢れるようになれば、人はかえって流された情報を素直に信用しなくなるだろうから、大きなメディアが情報発信を独占していた時代より、自分自身の考えで情報を選別する能力が高まるのではないか、と期待したことがあった。

が、どうやら事は正反対に向かっているようだ。人びとは以前よりもっと、真偽の定かでない情報のすべてに反応し、情報に接するたびに判断の自信が揺らいで、言われるがままに右往左往している印象が拭《ぬぐ》えない。

世界が紛争のない日に向かって歩を進めているとは思えないし、自然はこれからも人間の思惑《おもわく》など関係なく猛威を振るい続けるだろう。そのたびに人びとは、伝えられる情報に一喜一憂しながら、それでも、いや、だからこそ、平和と安心を求めて、どこか心の休まる場所へ、できれば心を楽しく浮き立たせてくれる場所へ、出かけていこうとするに違いない。

戦争はなくなることがあっても、観光は決してなくならない。

どんな時代になっても、世間の風評を畏《おそ》れず、侮らず、揺れ動く情報に左右されない、誰もが幸せになれる小さな宇宙をつくりたいものだ。

あとがき

旅の支度がパンクツからはじまるのはいつもの手順である。

スーツケースを引っ張り出して、床に置いて大きく両側に開き、まず底の部分にパンツと靴下を詰めていく。最近の引き手がついたスーツケースは、底に二本の棒が入っているので、その両側と真ん中に合計三つの溝ができる。その溝の部分を埋めるようにパンツと靴下を並べて、全体がたいらになるようにするのが最初の仕事だ。たいらになったら、その上にズボンを並べ、さらにシャツやパジャマを置き……いつものように、パッキングは滞りなく終了した。

海外旅行に出かけるときは、ことさら時間が気になるので、いつも早めに準備が完了する。今回も、出発予定時刻の小一時間前には旅支度が済んだので、台所で妻とお茶を飲んで時間を潰した。仕事とはいえ、ひとりで海外に出かけるのは気が引ける。だからなんとなく言い繕いながらやることのない時間を過ごし、さあ、そろそろ出発だ、と玄関まで行って靴を履こうとしたとき、替えの靴を入れてないことに気がついた。飛行機に乗るには古びたスニーカーでよいが、今回の旅にはちゃんとした靴を履かないと行きにくい場所がある。それから慌てて、鍵をかけたスーツケースを再び開き、革靴をビニール袋に入れて、洋服のあいだになんとかつくったスペースに押し込んだ。やれやれ……。

いま、飛行機の上で、出発のときのバタバタを思い出しながらこの文章を書いている。かれこれ半世紀近く、百回近くも海外旅行を経験しているというのに、いつまで経っても慣れないのはどうしてだろう。そう最初は考えたが、でも、こんなに何回も繰り返しても慣れないというのは、なんと素敵なことだろう、と思い直した。

　人はたいがいのことに慣れ、緊張感を失い、同じことを惰性で繰り返す。それは人生を生きていく上で必要なことでもあるのだが、そうやって目にウロコが溜《た》まっていくと、きっと見るべきものが見えなくなるときがあるだろう。

旅に出るということは、海外であれ、国内であれ、家にいる日常から離れるということだ。人はその環境に慣れることで日常を手に入れるが、日常から離れることには決して慣れることがない。だからこそ旅は面白いし、そこにこそ旅をする意味があるのだろう。

旅をして日常。家にいて旅。……若い頃はそんな境地に達することを夢見たが、いまはもう腰の重くなった老人だ。その腰を日常から引き剝がして、旅に出られる機会はあと何回あるだろう。

本書は、「旅の空」というタイトルで『旅行読売』に二〇一二年四月から三年間連載した原稿をもとに編んだ。昔のようにそれほど頻繁に旅行することがなくなったので、思い出話や、ワイナリーやレストランで旅行客を迎える立場からの話が多くなった。本書の題名は『旅の流儀』としたが、はたして流儀と言えるようなものが、私の旅にあるのかどうか。慣れないことが流儀である、とでも言っておけば、なんとか格好がつくだろうか。

ここまで書いたとき、機内の明かりがついた。

他の乗客がまだ眠っている時間から目を覚まして、ひとりパソコンを開けていたのだ。老人の早起きも、なかなかなおらないものらしい。

二〇一五年　初夏　　機上にて

玉村豊男

初出一覧（『旅行読売』掲載）

温泉に行ってゆっくりしたい　二〇一二年四月号

I

パンクツ　書き下ろし
自分の鞄は自分で持つ　二〇一二年五月号
寝る場所の価値　二〇一三年三月号
ヒッチハイク　書き下ろし
自転車に乗る　二〇一四年七月号
どこでもトレーニング　二〇一五年一月号
旅先で本を読む　二〇一三年十二月号
散髪の楽しみ　二〇一四年二月号
モバイルマニアだった頃　二〇一三年十一月号
国際電話が怖い　書き下ろし

II

山の中のマグロ　二〇一二年六月号
旅の朝ごはん　二〇一二年八月号
アペリティフと歓迎の一杯　二〇一二年十一月号
旅館のワイン　二〇一二年十二月号
オリジナルワインがほしい　書き下ろし
ワインが飲めるオーベルジュ　二〇一四年十二月号
パリの日本人レストラン　二〇一三年一月号
学生気分のパリ　二〇一四年八月号
ブランド好きの行方　二〇一四年一月号

III

定着した遊牧民　二〇一四年五月号
山のある風景　二〇一三年六月号
旅は道連れ　二〇一四年九月号
雪の東北温泉旅行　二〇一四年四月号
異常気象と天気予報　二〇一三年七月号
ジャカランダの花見　二〇一四年六月号
東京のホテルに泊まる　二〇一三年二月号
金魚鉢の水　二〇一三年五月号
ようこそ日本　二〇一三年八月号
能登半島を歩いて考えたこと　二〇一四年十一月号

IV

吹けば飛ぶよな旅の財布　二〇一五年三月号
私が添乗員だった頃　二〇一三年四月号
スーツケースと段ボール箱　二〇一三年九月号
格安運賃貧乏海外旅行　二〇一四年三月号
夫婦でクルーズ　二〇一二年九月号
部屋にいながら世界一周　二〇一二年十月号
暑い国と寒い国　二〇一三年十月号
スコールが来る国　二〇一四年十月号
なんでもない風景　二〇一二年七月号
観光という物見遊山　二〇一五年二月号

玉村豊男（たまむら・とよお）

1945年（昭和20年），東京都に生まれる．東京大学文学部仏文学科卒業．在学中，パリ大学言語学研究所に留学．通訳，翻訳業などを経て文筆業に．1991年より長野県小県郡東部町（現・東御市）在住．絵画制作のほか，西洋野菜やワイン用ブドウを栽培し，ワインの醸造を営む．『パリ・旅の雑学ノート』『料理の四面体』『食客旅行』『男子厨房学入門』『パリのカフェをつくった人々』『晴耕雨読ときどきワイン』『健全なる美食』『パンとワインとおしゃべりと』『千曲川ワインバレー』ほか著書多数．

旅《たび》の流儀《りゅうぎ》
中公新書 *2326*

2015年6月25日発行

著　者　玉村豊男
発行者　大橋善光

本文印刷　暁印刷
カバー印刷　大熊整美堂
製　本　小泉製本

発行所　中央公論新社
〒100-8152
東京都千代田区大手町1-7-1
電話　販売 03-5299-1730
　　　編集 03-5299-1830
URL http://www.chuko.co.jp/

Published by CHUOKORON-SHINSHA, INC.
Printed in Japan　ISBN978-4-12-102326-1 C1226

中公新書刊行のことば

いまからちょうど五世紀まえ、グーテンベルクが近代印刷術を発明したとき、書物の大量生産は潜在的可能性を獲得し、いまからちょうど一世紀まえ、世界のおもな文明国で義務教育制度が採用されたとき、書物の大量需要の潜在性が形成された。この二つの潜在性がはげしく現実化したのが現代である。

いまや、書物によって視野を拡大し、変りゆく世界に豊かに対応しようとする強い要求を私たちは抑えることができない。この要求にこたえる義務を、今日の書物は背負っている。だが、その義務は、たんに専門的知識の通俗化をはかることによって果たされるものでもなく、通俗的好奇心にうったえて、いたずらに発行部数の巨大さを誇ることによって果たされるものでもない。現代を真摯に生きようとする読者に、真に知るに価いする知識だけを選びだして提供すること、これが中公新書の最大の目標である。

私たちは、知識として錯覚しているものによってしばしば動かされ、裏切られる。私たちは、作為によってあたえられた知識のうえに生きることがあまりに多く、ゆるぎない事実を通して思索することがあまりにすくない。中公新書が、その一貫した特色として自らに課すものは、この事実のみの持つ無条件の説得力を発揮させることである。現代にあらたな意味を投げかけるべく待機している過去の歴史的事実もまた、中公新書によって数多く発掘されるであろう。

中公新書は、現代を自らの眼で見つめようとする、逞しい知的な読者の活力となることを欲している。

一九六二年一一月

地域・文化・紀行

t1

285 日本人と日本文化 司馬遼太郎 ドナルド・キーン
605 絵巻物に見る日本庶民生活誌 宮本常一
201 照葉樹林文化 上山春平編
1921 照葉樹林文化とは何か 佐々木高明
299 日本の憑きもの 吉田禎吾
799 沖縄の歴史と文化 外間守善
2206 お伊勢参り 鎌田道隆
2298 四国遍路 森正人
2155 女の旅―幕末維新から明治期の11人 山本志乃
2151 国土と日本人 大石久和
1810 日本の庭園 進士五十八
1909 ル・コルビュジエを見る 越後島研一
246 マグレブ紀行 川田順造
1009 トルコのもう一つの顔 小島剛一
1408 イスタンブールを愛した人々 松谷浩尚
1684 イスタンブールの大聖堂 浅野和生
2126 イタリア旅行 河村英和
2071 バルセロナ 岡部明子
2122 ガウディ伝 田澤耕
2169 ブルーノ・タウト 田中辰明
2032 ハプスブルク三都物語 河野純一
1624 フランス三昧 篠沢秀夫
1634 フランス歳時記 鹿島茂
2183 アイルランド紀行 栩木伸明
1670 ドイツ 町から町へ 池内紀
1742 ひとり旅は楽し 池内紀
2023 東京ひとり散歩 池内紀
2118 今夜もひとり居酒屋 池内紀
2234 きまぐれ歴史散歩 池内紀
2290 酒場詩人の流儀 吉田類
1832 サンクト・ペテルブルグ 小町文雄
2096 ブラジルの流儀 和田昌親編著
2160 プロ野球復興史 山室寛之
2326 旅の流儀 玉村豊男

中公新書

地域・文化・紀行

t2